Nathan Simon
„… auf allen Vieren werdet ihr hinauskriechen!“

Veröffentlichungen aus dem Institut
Kirche und Judentum
(VIKJ)

Herausgegeben von

Peter von der Osten-Sacken

Band 23

Institut Kirche und Judentum

Nathan Simon

„...auf allen Vieren werdet ihr hinauskriechen!“

Ein Zeugenbericht aus dem KZ Wapniarka

Mit einem Vorwort von
Charlotte Petersen

Berlin 1994

Die Deutsche Bibliothek - CIP-Einheitsaufnahme

Simon, Nathan:
„ ... auf allen Vieren werdet ihr hinauskriechen!“ : Ein Zeugenbericht aus dem KZ Wapniarka / Nathan Simon. Mit einem Vorw. von Charlotte Petersen. [Institut Kirche und Judentum. Aus dem Rumän. übers. von Bertram Diehl. Red. von Gottfried Schubert]. – Berlin : Inst. Kirche und Judentum, 1994
(Veröffentlichungen aus dem Institut Kirche und Judentum ; Bd. 23)
ISBN 3-923095-24-4
NE: Institut Kirche und Judentum <Berlin>: Veröffentlichungen aus dem...

Aus dem Rumänischen übersetzt von Bertram Diehl,
redigiert von Gottfried Schubert.

Umschlagbild:
A.D. 1943 von Ben Shahn (1943)
Der Abdruck des Bildes, das einen Häftling in einem Konzentrationslager zeigt, erfolgt mit freundlicher Genehmigung der *Syracuse University Art Collection (286)*, Syracuse, N.Y. (USA).

Institut Kirche und Judentum
Leuchtenburgstraße 39-41, 14165 Berlin
Berlin 1994

Satz: Institut Kirche und Judentum (Claus P. Wagener)
Karten: Claus P. Wagener
Umschlaggestaltung: Institut Kirche und Judentum
Druck: Printos Werbedruck und Verlag GmbH, 10179 Berlin
ISBN 3-923095-24-4

DR. ARTHUR KESSLER GEWIDMET
UNSEREM SCHUTZENGEL
IM LAGER WAPNIARKA

INHALT

Vorwort *von Charlotte Petersen* 9
Editorische Hinweise 12

1. Die Zeit vor der Gefangenschaft 15
2. Die Verhaftung 18
3. Das Militärgefängnis von Iaşi 24
4. Als Häftling in Bacău 29
5. Das Zivilgefängnis Galata 33
6. Das Gefängnis Caransebeş 37
7. Das Gefängnis Văcăreşti 55
8. Die Deportation nach Transnistrien 60
9. Das Todeslager Wapniarka 63
10. Oberst Motora 93
11. Der Weg in die Freiheit 99

Anmerkungen 106

Zur deutschen Verantwortung für die Verfolgung und Ermordung der rumänischen Juden *von H. D. Heilmann* 109
Anmerkungen 118

Daten zur Geschichte Rumäniens 1913 – 1944 126
Haftorte – Fahrtstationen – Kommandanten in Wapniarka 128
Rumänische Ausspracheregeln 128
Namenindex 129

Karte der Lager- und Haftorte *8*
Plan des Lagers Wapniarka *14*

Karte der Lager- und Haftorte

VORWORT

In der kleinen Frauengruppe, mit der ich im Jahre 1959 zum ersten Mal nach Israel reiste, befand sich auch Hilda Heinemann, die Frau des späteren Bundespräsidenten – und diesem Umstand habe ich es letztlich zu verdanken, daß mir mein Wunsch, in Israel eine Möglichkeit zu finden, ein wenig von der deutschen Schuld abzutragen, erfüllt wurde: Um dieser Ehefrau eines bekannten Politikers willen wurde die Gruppe mit dem Problem Wapniarka bekannt gemacht.

Wapniarka – das war in der NS-Zeit ein deutsches KZ in der Ukraine, ein an sich kleines Lager, in dem „nur" ca. zweitausend Häftlinge untergebracht waren. Das Besondere von Wapniarka war die Ernährung mit der für Menschen giftigen Lathyruserbse, *Lathyrus sativus*, die eine Nervenlähmung hervorruft. Frau Heinemann und ich setzten uns dafür ein, eine Wiedergutmachung auf Rentenbasis für diese schwergeschädigten Menschen zu erreichen. Doch unsere Versuche scheiterten an der diesbezüglichen Gesetzgebung in der Bundesrepublik. So wurde das bescheidene „Hilfswerk Wapniarka" aufgebaut, das bemüht ist, den in Israel lebenden Opfern aus diesem Konzentrationslager den Rest ihres Lebens zu erleichtern.

Nathan Simon, der Autor des vorliegenden Lebensberichtes, gehörte zu den ersten, die ich bei der Arbeit des Hilfswerkes kennenlernte. Damals, vor mehr als dreißig Jahren, war er ein Mann von Anfang Vierzig, der von der verhängnisvollen Krankheit noch nicht allzu sehr geschädigt war. Er unternahm noch den Versuch, wieder in das Erwerbsleben hineinzukommen, und arbeitete kurze Zeit als Buchhalter. Da er bei der betreffenden Firma jedoch oft auf eine Trittleiter zu steigen hatte, um Akten von hohen Regalen zu holen, mußte er diesen Versuch wieder aufgeben; seine kranken Füße versagten den Dienst. In der Folgezeit verschlimmerte sich die Lähmung seiner Beine zunehmend, so daß an die Ausübung eines Berufes überhaupt nicht mehr zu denken war.

In seinen letzten Jahren bis zu seinem Tode im Mai 1993 konnte sich Nathan Simon nur noch an zwei Krücken mühsam fortbewegen. Seine Beine waren so gelähmt, daß er – wenn er sich festhielt – gerade noch stehen konnte. Meistens saß er in einem Rollstuhl. Mit zunehmender Lähmung zog er sich mehr und mehr zurück und erfreute sich an dem, was ihm blieb, Malerei und Musik. Kinder sind ihm und seiner Frau versagt geblieben, eine Folge der Vergiftung in Wapniarka.

Das Buch Nathan Simons ist ein Lebensbericht, aus der Sicht des Betroffenen geschrieben; es erhebt keinen Anspruch auf die Vermittlung umfassender historischer Zusammenhänge. Der Leser sollte bei Nathan Simons Bericht jedoch auch das politische Geschehen mitbedenken, wie es im folgenden mit einigen Strichen angedeutet ist, hier und da im Text selbst anklingt und in den angefügten Beigaben ausführlicher skizziert ist.

1940 hatte Rumänien unter König Carol II. auf deutschen und sowjetischen Druck hin große Gebietsverluste hinnehmen müssen – Bessarabien kam zur Sowjetunion, große Teile Siebenbürgens wurden Ungarn zugeteilt, und die Süd-Dobrudscha ging an Bulgarien. Marschall Antonescu zwang den König, zu Gunsten seines Sohnes Michael abzudanken, und errichtete ein diktatorisches Regime. Unter Antonescu trat Rumänien am 23. November 1940 dem Pakt Deutschland-Italien-Japan bei und beteiligte sich später am Krieg gegen die UdSSR.

Verschiedene gesellschaftliche, militärische und politische Gruppierungen in Rumänien lasteten die Gebietsverluste außer den Kommunisten vor allem den Juden an. So traf der – schon seit einigen Jahren – von Hitlerdeutschland in Rumänien propagierte Antisemitismus dort zu einer Zeit auf fruchtbaren Boden, als sich die Regierung, gemessen an deutschen Verhältnissen, noch zögernd verhielt. Judenfeindliche Aktionen nahmen zwar ihren Ausgang auch von seiten des rumänischen Regimes, geschahen jedoch zu einem erheblichen Teil auf Drängen des deutschen Gesandten in Bukarest, SA-Obergruppenführer Manfred von Killinger. Durch seine Forderungen und vor allem die seines Judenreferenten Gustav Richter sind Hunderttausende rumänischer Juden umgekommen oder ins Elend gestürzt worden.

Rumänien blieb als Bundesgenosse Deutschlands formal autonom und hatte eine gewisse Handlungsfreiheit – anders als die eroberten Gebiete, die eine Erweiterung des deutschen Machtbereiches darstellten. Von hier aus ist es zu verstehen, wie einschneidend es war, als die Deutschen 1941 die Ukraine eroberten und deren südwestlichen Teil, das sogenannte Transnistrien, der rumänischen Administration unterstellten – die Rumänen wurden hier Handlanger der deutschen Machthaber. Bald rollten die Transporte nach Transnistrien über die Grenze, in ein Land, das von den Rumänen verwaltet wurde, aber zuletzt der Macht und Verantwortung Deutschlands unterstand.

Wie mir ein anderer Überlebender von Wapniarka, Itzhak Rones (der in Nathan Simons Bericht als Mitglied des Judenrates von Wapniarka erwähnt wird) sagte, ist im Lager Wapniarka für das deutsche Militär gearbeitet worden, und deutsche Offiziere haben das Lager besucht. Nach Kriegsende hat sich nie einwandfrei klären lassen, ob die Ernährung mit der Lathyruserbse wirklich der infame Einfall des rumänischen Lagerkommandanten war oder ob sie auf deutsche Weisung geschah. Auch wenn es, wie Nathan Simon annimmt, der Gedanke eines Rumänen gewesen sein sollte – die deutschen Stellen haben davon gewußt und es geschehen lassen. Damit soll die Mitschuld der beteiligten Rumänen, die im Buch in allen Einzelheiten geschildert wird, nicht verkleinert werden. Aber es muß bei allem bedacht werden, daß die Drahtzieher die Deutschen waren. Der Autor kann aber auch von einem tapferen Rumänen erzählen, dem letzten Lagerkommandanten, Oberst Motora, der es wagte, den deutschen Befehl zur Liquidierung der überlebenden Häftlinge *nicht* zu erfüllen, und mit ihnen nach Rumänien zog. Wie sehr jeder Häftling, trotz allem, was er von Rumänen hatte erdulden müssen, den Unterschied zwischen dem noch relativ freien Rumänien und der „Hölle von Transnistrien", diesem Land in der Gewalt der Deutschen, empfand, das wird deutlich an dem Jubel, von dem der Autor bei seiner Schilderung der Grenzüberschreitung schreibt.

Ich wünsche dem Buch die Beachtung, die ihm auch der Verfasser wünschte. Wir müssen uns unserer Vergangenheit stellen. Und solange noch Menschen unter uns leben, die, wie Nathan Simon, aus eigenem Leiden bezeugen können, wie es war, sollten wir sie zu Wort kommen lassen.

Dillenburg, im Juli 1992 — Charlotte Petersen

EDITORISCHE HINWEISE

Der Zeugenbericht Nathan Simons erscheint als eine besondere Kostbarkeit in der Reihe „Veröffentlichungen aus dem Institut Kirche und Judentum“, in die er als Band 23 aufgenommen ist. Während die Publikationen dieser Reihe sonst eher *über* Personen, geschichtliche Zusammenhänge und Texte handeln, kommt mit dem Verfasser ein Zeitzeuge zu Wort, der das erzählt, was er selber unmittelbar erlitten und erlebt und als wachsamer Beobachter in einem präzise arbeitenden Gedächtnis aufbewahrt hat. Nathan Simon hat den Bericht über die Jahre seiner Inhaftierung und über seine schließliche Befreiung aufgezeichnet, damit nichts von dem, was sie gekennzeichnet hat, in Vergessenheit gerät: nicht das Unrecht und die Bestialitäten, zu denen Menschen fähig waren, nicht das zukunftslose Elend derer, die von feiger Hand wehrlos hingemäht wurden, und auch nicht die vielfach erwiesene Widerstandskraft der Inhaftierten und das mutig ungehorsame Handeln eines einzelnen, der in den Untergang führen sollte und stattdessen rettete. Die Betrübnis, daß Nathan Simon das Erscheinen seines Berichtes nicht mehr erlebt hat, findet nur darin ein Gegengewicht, daß er noch erfahren hat, er würde alsbald veröffentlicht werden.

Die Publikation des Buches ist von mancher Seite engagiert gefördert worden. So haben der Übersetzer Dr. Bertram Diehl, Hans Dieter Heilmann und nicht zuletzt Gottfried Schubert als Redaktor der Übersetzung mit engem Kontakt zum Verfasser die Anmerkungen zum Text Nathan Simons beigesteuert. Claus Peter Wagener sind die beigegebenen Karten, das Register und der tabellarische Überblick über die Geschichte Rumäniens von 1913-1944 zu danken, der auf den einschlägigen Artikeln in der „Enzyklopädie des Holocaust“ (dt. Berlin 1993) beruht. Hans Dieter Heilmann hat sich auch dadurch um das Buch verdient gemacht, daß er in einem gedrängten Beitrag die im Vorwort angesprochene enge deutsche Beteiligung an der Verfolgung der rumänischen Juden und so auch der im KZ Wapniarka Inhaftierten aufgezeigt hat. Die Mitglieder des „Wapniarka-Hilfswerks Charlotte Petersen e.V.“, die über Jahrzehnte hin geholfen haben, das Los derer zu erleichtern, die in Wapniarka für ihr Leben geschädigt worden sind, haben durch eine dichte Kette von Subskriptionen ihr Teil zum Erscheinen des Buches beigetragen. Die „Syracuse University Art Collection" (Syracuse, N. Y.) hat mit der freundlichen Erlaubnis der Wiedergabe des Bildes „A.D. 1943" von Ben Shahn geholfen, das Äußere des Buches angemessen zu gestalten. Nicht zuletzt danke ich Heike Radtke und – mit guten Gedanken an manch förderliches Gespräch – Gottfried Schubert, Vorstandsmitglied des Wapniarka-Hilfswerks, für ihre hilfreiche Unterstützung bei der Schlußredaktion des Bandes und beim Korrekturlesen.

Es ist keine geringe Freude, daß das Buch nur wenige Tage vor dem neunzigsten Geburtstag von Frau Charlotte Petersen erscheint. Es ist gewiß im Sinne aller, die mit ihrem Lebenswerk verbunden sind, sie auch anläßlich der Veröffentlichung des Berichtes von Nathan Simon mit einem Wort des Dankes für ihren hingegebenen Dienst zu grüßen.

Berlin, im April 1994 Peter von der Osten-Sacken

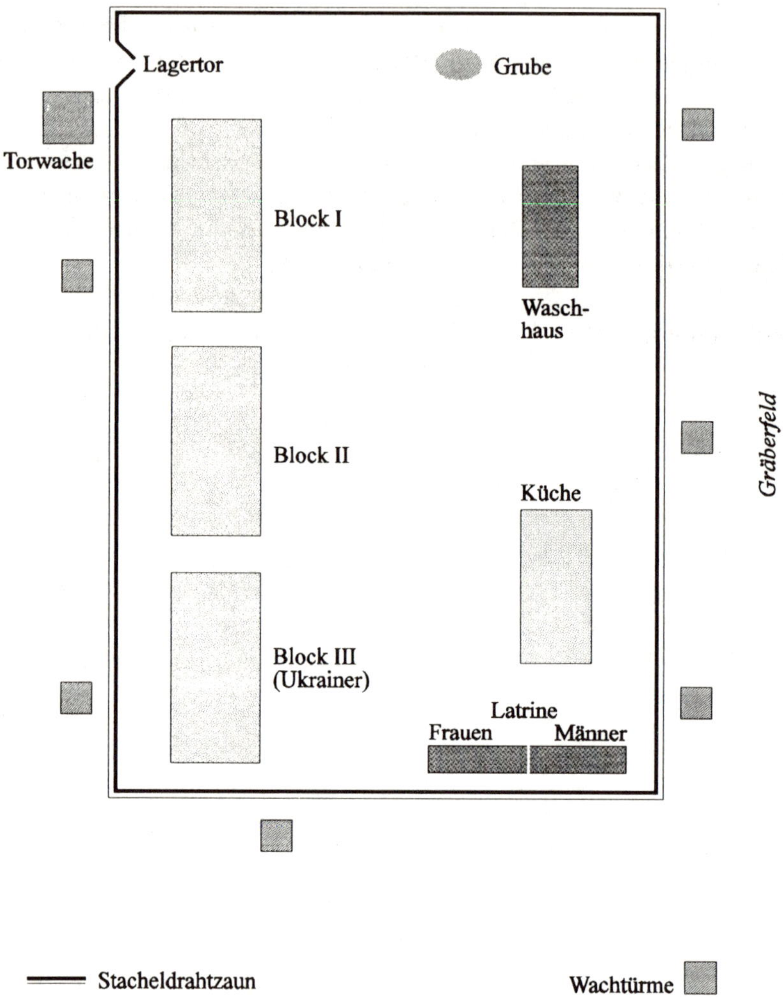

Plan des Lagers Wapniarka

1. DIE ZEIT VOR DER GEFANGENSCHAFT

Im Januar 1922 wurde ich in dem ruhigen Viertel Tartaraşi des Städtchens Iaşi in Rumänien geboren. Mein Vater war Schneider für Herrenkonfektion, und um unseren Haushalt von zehn Personen mit Kindern und Großeltern zu unterhalten, hatte er schwer zu arbeiten. So wuchs ich in recht bescheidenen Verhältnissen auf, doch verlebte ich eine sehr glückliche Kindheit. Als ich vier Jahre alt war, kam täglich ein Mann, der mich zum *Cheder* [1] mitnahm. Zu meinem dreizehnten Geburtstag fand die *Bar-Mizwa*-Feier [2] statt, und von da an legte ich täglich die *Tefillin* [3] an. Die Grundschuljahre absolvierte ich in der *Vasile-Adamache*-Schule, eine Anstalt, die von Juden und Christen gleichermaßen besucht werden konnte.

Zu den Feiertagen zog man sich in unseren Vierteln ausnahmslos, ob reich oder arm, die schönsten und neuesten Kleider an und ging in die Synagoge, die bis auf den letzten Platz gefüllt war. In ihre *Tallitot* [4] gehüllt, die *Machsorim* [5] in den Händen, richteten die Männer ehrfürchtige Gebete an den ALLMÄCHTIGEN, um ein gutes Jahr, Wohlstand und Gesundheit zu erflehen. Während der Gebetspausen konnte man sehen, wie sich auf den Straßen Männer und Frauen mit ihren Kindern ergingen. Es schien, als ob alle Welt Feiertag hätte.

Unsere Feste wirkten sich bis in das Leben der nichtjüdischen Bevölkerung aus; denn die meist jüdischen Läden blieben dann geschlossen, und man mußte sich rechtzeitig mit Lebensmitteln versorgen.

Nicht gerade mit Wohlwollen sahen in jener Zeit von 1930 bis 1940 die Christen, die etwa die Hälfte der Bevölkerung ausmachten, diesem Treiben zu. Ich hatte mich im Handelsgymnasium *N. V. Stefaniu* eingeschrieben, als die politische Lage sich zu verschlechtern begann. Die rechten Parteien und vor allem die Studenten traten uns Juden gegenüber mehr und mehr hochnäsig auf und drohten uns mit geballten Fäusten. Sie demonstrierten zusammen mit Rowdies, warfen in den Straßen Cuza-Woda, Bratianu, Tîrgu Cucului, Costache Negri und anderen Fensterscheiben ein, verwüsteten Geschäfte und mißhandelten die Kaufleute. Selten griff die Polizei ein, bevor alles vorüber war. Um mich gegen die Ausschreitungen der

Rowdies wehren zu können, trat ich dem Jugendverband *Haschomer Hazair* [6] bei und schrieb mich im jüdischen Sportclub *Makkabi* ein, wo ich viele Stunden damit verbrachte, meine Muskeln zu stählen, um körperlich kräftig zu werden. Aus dem gleichen Grunde waren die Brüder Oizer beigetreten; wir nannten sie den großen und den kleinen Oizer. Unser Trainer hieß Saul Gikman, ein junger Mann von athletischer Statur mit außergewöhnlich breiten Schultern.

Im Jahre 1937 kam die Regierung Goga [7] an die Macht und führte über das Parlament Gesetze ein, die die Rechte der Juden mehr und mehr einschränkten, was dann zu ihrem Ausschluß aus der Armee führte und damit auch zum Verlust des Schutzes durch das Gesetz. Vielen wurde auf diese Weise sogar die Staatsbürgerschaft entzogen, um sie dann später, Codreanus [8] Programm entsprechend, zur Vernichtung deportieren zu können. In jenen Jahren lebten etwa achthundertfünfzigtausend Juden in Rumänien.

Nach dem Sturz der Regierung Goga gab es verschiedene, zunehmend antisemitische Regierungen. Eine Wende wollte Armand Calinescu [9]. Er erkannte die Gefahr, die dem Lande durch die Hinwendung zum Rechtsextremismus und damit durch die Eiserne Garde Codreanus drohte, welche die Bindungen an die traditionellen Verbündeten Rumäniens lösen wollte. Er versuchte mit der Billigung König Carols II. [10] wieder Ordnung zu schaffen und den Einfluß der ultrafaschistischen Partei Codreanus einzudämmen. Dieser wurde wegen Hochverrats verurteilt und bei einem Fluchtversuch erschossen. Zur Vergeltung ermordeten Männer seiner Eisernen Garde Calinescu, und das führte wiederum zur Tötung vieler dieser Legionäre, deren Leichen man an den Stadttoren zur Schau stellte. Eine Wende vollzog sich also nicht, und es blieb bei der faschistischen und judenfeindlichen Politik.

Viele Juden und Nichtjuden, die sich in Wort oder Schrift gegen das faschistische Regime geäußert hatten, wurden in Lagern wie Caracal, Miercurea-Ciuc und Tîrgu Jiu inhaftiert; und durch den Staatssicherheitsdienst begann die Verfolgung Andersdenkender, die ohne erkennbaren Grund verhaftet wurden. Junge Juden, die völlig unpolitische Feste organisiert hatten, sperrte man ein, verprügelte ohne Anlaß jüdische Studenten und Gymnasiasten. Als 1940 dann Bessarabien an die Sowjetunion abgetreten werden mußte, schob man die Schuld für diese Schmach den Juden zu, und die Verfolgungen nahmen grausame Formen an: Juden wurden aus fahrenden Zügen geworfen oder bestialisch hingemetzelt. Die Mörder waren einzelne oder kleine Gruppen; doch die Regierung verhielt sich ihnen gegenüber völlig gleichgültig, was sie zu immer neuen Schandtaten ermutigte. In keinem Falle wurde ein Verbrecher festgenommen und entsprechend bestraft.

Für die Juden zeichnete sich eine Tragödie ab. Jedem, der ein wenig nachdachte, mußte klar werden, daß sich hier eine Katastrophe für die zivilisierte Welt und vor allem für die jüdische Bevölkerung anbahnte. Im Glauben, sich retten zu können, hatten viele versucht, nach Bessarabien zu fliehen; doch als Deutschland den Krieg gegen die Sowjetunion begann, wurden die meisten von ihnen beim Einmarsch der deutsch-rumänischen Truppen umgebracht.

In unserem Viertel lebten etliche Christen; als Kinder hatten wir zusammen gespielt. Zwar hörte man hie und da Spottlieder auf die Juden, doch waren unsere Beziehungen recht freundschaftlich gewesen. Mit der Übernahme der politischen Gewalt durch die antisemitischen Regierungen änderte sich ihr Verhalten von Grund auf. Wir erkannten sie nicht wieder, sie waren wie umgewandelt. Bis auf ganz wenige, die man an den Fingern abzählen konnte, redeten sie alle nur noch eine Sprache: „Die Juden sind die Feinde unseres Landes, von dessen Brot sie leben." Dabei wußten sie sehr wohl, daß auch die Juden Militärdienst geleistet und zusammen mit dem rumänischen Volk an den Kriegen des Landes teilgenommen hatten und daß viele für den Schutz des Vaterlandes (von dem wir dachten, es sei auch das unsere) den Tod gefunden hatten. Während der Pogrome haben diese sogenannten Freunde mit den Nazis kollaboriert und ihnen gezeigt, wo sich Juden versteckt hielten. Gerade die Nachbarn verrieten uns, mit denen wir manches gemeinsam unternommen hatten. Wir hatten mit ihnen gefeiert, gegessen, gewohnt, wir waren wie Brüder; doch als die für uns Juden so schwere Zeit begann, ließen auch sie sich durch die Hetze der deutschen Nazis verführen, und ihre einstige Freundschaft verwandelte sich in blindwütigen Haß.

Ich frage mich immer wieder, warum gerade sie, die uns lange verbunden waren, sich so ändern konnten. Hatten sie nur Freundschaft geheuchelt und uns Theater vorgespielt? Dann wäre es besser gewesen, sie hätten sich von Anfang an eindeutig verhalten.

2. DIE VERHAFTUNG

Am 13. September 1940 um etwa vier Uhr morgens erfuhr mein Leben eine radikale Veränderung. Aus tiefem Schlaf heraus weckten mich Schläge gegen die Tür: „Aufmachen! Polizei!"

Vier Polizisten drangen in die Wohnung ein, zwei davon in Zivil. Mit sich führten sie einen an den Händen gefesselten jungen Mann, der nicht weit von uns wohnte. Er arbeitete im Friseursalon *La Lupu* (Zum Wolf), wo ich mir bislang die Haare hatte schneiden lassen. Wohl war mir zu Ohren gekommen, daß er festgenommen worden sei, doch war mir nichts Näheres bekannt. Als ich ihn sah, begann ich zu begreifen, daß der junge Nathan Schwartz irgendetwas gegen mich ausgesagt haben mußte und deshalb mitgeschleppt worden war.

Man befahl mir, mich anzuziehen, fesselte meine Hände, und ich mußte mich mit dem Gesicht zur Wand drehen. Bei dieser Prozedur fuchtelte ein Polizist fortwährend mit seiner Pistole herum. Von der nun folgenden Durchsuchung meines Zimmers konnte ich kaum etwas sehen, merkte aber, daß man nur ein paar belanglose Bücher fand und nichts, was mich belastete. Auf der Straße sah ich dann, daß gleichzeitig mit mir meine Schwester und mein Bruder, zwei Vettern, die in der Nachbarschaft wohnten, und ein Mädchen, das mir nur vom Sehen her bekannt war, verhaftet worden waren.

In der Polizeikommandantur angekommen, führte man mich in ein Zimmer, in dem an einem Tisch der Chef des Sicherheitsdienstes saß. In freundlichem Ton bat er mich um meinen Ausweis und legte mir ein mit der Maschine geschriebenes Blatt Papier vor. Ich las darauf eine Erklärung, daß der Unterzeichnete zusammen mit einer Gruppe von Juden die rumänische Regierung stürzen, die Gesetze abschaffen und ein kommunistisches Regime einsetzen wolle. In ruhigem Ton empfahl er mir, die Erklärung zu unterschreiben: „Wenn du vernünftig bist und diese Absichten zugibst, wird man dir entgegenkommen und dich nur milde bestrafen. Andernfalls verfügen wir über ausreichende Mittel, dich zu einem Geständnis zu bewegen."

Er beteuerte, wie unangenehm es ihm sei, Gewalt anwenden zu müssen. Außerdem verschlechtere das nur meine Situation; ja, selbst die Todesstrafe könne in diesem Fall verhängt werden.

Wie vor den Kopf gestoßen stand ich zunächst da. Doch meine Gedanken fingen sich wieder, und so wies ich jeden Zusammenhang mit den in der Erklärung stehenden Anschuldigungen entschieden zurück. Plötzlich, wesentlich unfreundlicher, hielt mir der Kommandant ein Bündel kommunistischer Flugblätter vor, die zum Aufstand gegen das Regime aufforderten, und behauptete, sie seien von mir. Selbstverständlich wies ich auch das zurück. Wohl wegen meines entschiedenen Auftretens wurde er verlegen und nachdenklich, befahl dann aber einem Untergebenen, den Zeugen vorzuführen. Kurz darauf brachte man Nathan Schwartz herein – jenen jungen Mann, der bereits bei meiner Verhaftung dabei war. Zu meiner Verblüffung bestätigte er, die Flugblätter von mir erhalten und sie seinerseits an einen gewissen Abramovici weitergegeben zu haben. Empört wandte ich mich zu ihm und forderte Rechenschaft: „Schämst du dich nicht dieser gemeinen Lüge, ich hätte dir die Flugblätter ausgehändigt, wo du doch genau weißt, daß wir beide nichts mit den Kommunisten zu tun haben?"

Mit wirrem Blick, Grauen und Verzweiflung in den Augen, das Gesicht eingefallen und bleich wie das eines Toten, unrasiert, dazu offensichtliche Folterspuren am Körper, wiederholte er die Behauptung, die Flugblätter von mir erhalten zu haben. Er seinerseits sei von seinem Freunde, Avram Abramovici, wie er ein Friseur, angezeigt worden.

Dessen Aussage nun lautete, daß er sich mit seiner Verlobten gerade in jener Straße befunden habe, in der die Flugblätter verteilt wurden. Sie seien von der Arbeit zurückgekommen. Er habe die Verlobte nach Hause begleiten wollen, die nicht weit vom Israelitischen Hospital wohne. Nicht im entferntesten sei ihnen der Gedanken gekommen, sie könnten in eine so schreckliche Angelegenheit verwickelt werden, die sie nun derart teuer zu stehen komme.

Manchmal wendet ein fernes und völlig unbekanntes Ereignis das Schicksal eines Menschen und stürzt ihn ins Verderben. Hatten die wirklichen Flugblattverteiler daran gedacht, daß sie mit ihrer Aktion so viele Unschuldige ins Unglück stoßen könnten? Uns traf es nun, obwohl wir nichts, aber auch gar nichts damit zu tun hatten.

Avram Abramovici und seine Verlobte, die in ihrem Leben nie ein kommunistisches Flugblatt zu Gesicht bekommen hatten, waren festgenommen worden, weil zwei Legionäre der Eisernen Garde behauptet hatten, sie mit eigenen Augen bei der Verteilung gesehen zu haben. Die ganze Nacht hindurch waren sie gefoltert worden, bis sie, um endlich den Qualen zu entgehen, die ‚Wahrheit' der Anschuldigungen gestanden. Damit jedoch nicht genug: Wer hatte ihnen die Flugblätter ausgehändigt? Die Folter begann von neuem, bis sie angaben, sie von ihrem Freunde Nathan Schwartz erhalten zu haben.

Dieser arme Mensch wurde auch sofort verhaftet und geprügelt, bis er Blut spuckte. Um weiteren Folterungen zu entgehen, nannte er meinen Namen und die meiner Geschwister und Vettern. Wir alle waren Kunden in *La Lupu.* Auch eine gewisse Malvina Ghelberg und eine Nachbarin beschuldigte er in seinem Elend.

Weil ich die Erklärung nicht unterschreiben wollte, übergab man mich einigen Individuen, die über Foltermethoden verfügten, mit denen man Stumme hätte zum Sprechen bringen können. Vier von ihnen packten mich, zerrten mich in einen Raum ohne Fenster mit schalldichter Tür und befahlen mir dort, mich bis auf die Unterhose auszuziehen. Jeder der vier Folterknechte besaß einen Gummiknüppel, der sich zum einen Ende hin verjüngte. Die Schläge prasselten in rascher Folge auf meinen ganzen Körper ohne Rücksicht, wohin sie trafen. Nach wenigen Augenblicken bereits spritzte das Blut. Ich rannte in dem Raum umher, um den Schlägen zu entgehen, und versuchte, mit meinen Händen wenigstens mein Gesicht zu schützen. Als sie sich ausgetobt hatten, fesselten sie mich und legten mich über eine Kiste. Drei der Polizisten hielten mich fest, während der vierte auf die nackten Fußsohlen schlug. Ich begann immer lauter zu schreien, bis meine Stimme nur noch ein Heulen war, vor dem mir selbst – trotz meiner Qual – schauderte. Es glich dem eines Tieres auf der Schlachtbank. War das sogar den Henkersknechten zu viel? Ich erhielt einen Faustschlag ins Gesicht. Sofort brachen einige Zähne aus, Blut drang mir in die Augen, so daß ich nichts mehr sehen konnte, ich verlor das Bewußtsein. Durch kaltes Wasser kam ich wieder zu mir, die Tortur ging weiter. Als sich einer der Schergen erbrechen mußte, wurde er sofort durch einen anderen ersetzt. Ich kann nicht sagen, wie lange sie noch auf mich einschlugen, da ich erneut bewußtlos wurde.

Mein Körper war mit Wunden übersät, Arme und Beine waren dick geschwollen und glichen eher Säcken als menschlichen Gliedmaßen; denken konnte ich nicht mehr, sondern nur noch verwirrt wahrnehmen, was um mich her geschah. Obwohl ich gewußt hatte, daß beim Sicherheitsdienst auch geschlagen wurde, hätte ich mir solche Grausamkeit niemals vorstellen können.

Zwei der Bestien packten mich an den Haaren und schleppten mich durch den Raum. Wegen der entsetzlichen Schmerzen verlor ich noch einmal das Bewußtsein und wurde wieder mit Wasser übergossen. Wie von weit, weit her vernahm ich eine Stimme: „Zieh dich an!"

Man nahm mir die Fesseln ab; doch es gelang mir nicht, mich allein anzuziehen. Als wären sie plötzlich wieder zu Menschen geworden, halfen mir die Henkersknechte in meine Kleider. Meine Schuhe allerdings paßten der geschwollenen Füße wegen nicht mehr. Von den Polizisten gestützt, wurde ich wieder dem Kommandanten vorgeführt. Er bot mir einen Stuhl an und gab mir Wasser zu trinken, denn mein Mund war völlig ausgetrocknet, meine Stimme nur noch ein heiseres Krächzen. Auf sein Zeichen hin wurden wir allein gelassen; er sah mich mitleidig an und sagte: „Ich glaube, du konntest dich überzeugen, daß deine Starrköpfigkeit sinnlos ist. Das beste ist, du unterschreibst die Erklärung. Ich verspreche, dir zu helfen, mit einer geringen Strafe davonzukommen."

„Herr Kommandant, bei allem, was mir lieb und teuer ist, ich habe keine Ahnung von diesen Flugblättern! Ich verstehe nicht, warum Sie mir diese Unwahrheiten unterschieben wollen. Die Polizei ist dazu da, Übeltäter festzunehmen. Sie aber verlangen von mir, eine Tat zuzugeben, die ich nicht begangen habe. Ich denke doch, daß Sie die Wahrheit herausfinden wollen?!"

„Der Zeuge hat erklärt, daß du ihm die Flugblätter gegeben hast, und das genügt mir."

„Möglicherweise wurde er wie ich gefoltert und hat dabei Untaten zugegeben, die er gar nicht begangen hat."

Jetzt verlor er die Geduld, erhob sich, schlug mit der Faust auf den Tisch und sagte mit veränderter Stimme: „Willst du die Erklärung unterzeichnen oder nicht? Wenn nicht, wirst du geschlagen, bis du deine Seele aushauchst. Was du bisher bekommen hast, ist nur ein ganz kleiner Vorgeschmack von dem, was noch kommen kann."

Trotzdem verweigerte ich die Unterschrift. Ich mußte aufstehen, mich wieder ausziehen und wurde erneut dem Zeugen Nathan Schwartz gegenübergestellt.

„Gib dem da eine Ohrfeige!", befahl einer der blutrünstigen Schergen und zeigte auf mich. Schwartz schlug mir nur leicht ins Gesicht.

„Das soll eine Ohrfeige sein? Ich werde dir zeigen, wie man das macht!"

Im gleichen Moment erhielt Nathan einen so heftigen Schlag ins Gesicht, daß er zu Boden fiel und ihm das Blut aus dem Munde quoll.

„So, jetzt bist du wieder dran!"

Nathan schlug mich etwas heftiger.

„Und jetzt du!", befahl mir einer der Büttel.

Auch ich berührte Nathans Gesicht nur leicht, woraufhin sich das entsetzliche Spiel wiederholte. Ich erhielt einen Faustschlag, der mich bewußtlos zu Boden streckte. Mit kaltem Wasser brachte man mich wieder zu mir, fesselte mich abermals, und die Folter begann von neuem. Die Kräfte schwanden, und ich fühlte, daß ich es nicht mehr lange aushalten würde. Man schlug mich an den empfindlichsten Stellen, ein Fingernagel wurde mir samt der Wurzel ausgerissen, ich fürchtete zu sterben. Aber ich wollte leben! Ich war doch noch jung, erst achtzehn Jahre alt, und wußte nun, daß die Legionäre jedes Verbrechens fähig waren. Todesangst, Selbsterhaltungstrieb, Verzweiflung – bis heute weiß ich nicht, was mich dazu brachte zu sagen: „Hört auf, ich kann nicht mehr!"

Ich wurde wieder angezogen und zum Kommandanten gebracht. Dort habe ich, um etwas Zeit zu gewinnen, zunächst noch einmal alles abzustreiten versucht – doch nur die Lüge half mir aus meiner Not. Völlig willenlos nach der entsetzlichen Tortur unterschrieb ich die Erklärung nach ein paar Abänderungen an verschiedenen Stellen. Doch damit war mein Elend nicht zu Ende.

„Von wem hast du die Flugblätter erhalten?"

Ich versuchte, mir eine Geschichte auszudenken: „Ein Mädchen hat mir die Flugblätter gegeben. Ich kenne es nicht und weiß auch nicht, wo es wohnt."

„Ist es nicht das Mädchen, das mit dir zusammen verhaftet worden ist?"

„Nein! Ich weiß nur, daß es in unserem Viertel wohnt; ich habe aber noch nie mit ihm ein Wort gewechselt."

Da ich es ablehnte, ein Eingeständnis zu unterschreiben, das der Chef seinem Sekretär diktiert hatte, wurde ich erneut den Henkersknechten übergeben, und die Folter begann zum dritten Male.

Ich war am Ende meiner Kräfte, mein Gehirn arbeitete nicht mehr normal, ich war bloß noch ein Stück Fleisch, nicht mehr als ein gequältes Tier, das nur nach seinen Instinkten handeln kann. Trotzdem empfand ich die Seelennot, einen Menschen beschuldigen zu sollen, den ich gar nicht kannte. Durfte ich mein Gewissen mit einem solchen Frevel belasten? Mein Widerstand jedoch war gebrochen, ich fühlte mich dem Tode nahe und hörte mich von neuem sagen: „Hört auf!"

Schließlich unterschrieb ich, die Flugblätter von jener Malvina Ghelberg erhalten zu haben, die schon von Nathan Schwarz beschuldigt worden war – und sofort wurde sie hereingeführt. Sie weigerte sich, die Wahrheit der Anschuldigungen zu gestehen. Meine Zeichen mit den Augen, daß alles nur Lüge und Heuchelei sei, beachtete sie nicht. Auch sie wurde den Henkersknechten überantwortet; doch erlitt sie kurz nach Beginn der Tortur eine derart starke Blutung, daß man einen Arzt rufen mußte, um sie zu versorgen. Ohne die Anschuldigungen als wahr anerkannt zu haben, wurde Malvina nicht weiter verhört und gefoltert. Die Blutung hatte sie davor bewahrt.

Die Polizei wußte sehr wohl, daß dies alles nur eine schmutzige Inszenierung gewesen war; doch wollte sie den neuen Herren der Eisernen Garde ihr Können im Aufspüren und Vernichten kommunistischer Zellen beweisen. Dazu gehörte – nach Nazi-Deutschlands Vorbild – nun auch, möglichst viele Juden zu verhaften, indem man sie mit Anschuldigungen belastete, die völlig aus der Luft gegriffen waren.

Nach drei Tagen kamen mein Bruder und meine Schwester sowie meine Vettern, Samy und Lupu Neamtu, frei. Wir anderen, zwei Mädchen und drei Jungen, wurden mit in Ketten gelegten Händen in das Militärgefängnis von Iaşi gebracht, um vom Kriegsgericht abgeurteilt zu werden.

3. DAS MILITÄRGEFÄNGNIS VON IAŞI

Ein paar barackenähnliche Gemäuer, eine Toilette, ein mit Duschen versehenes Gemeinschaftsbad und ein käfigartiger Kerker, das war das Militärgefängnis von Iaşi. Das Essen allerdings war im Vergleich mit den Zivilgefängnissen gar nicht so schlecht. Als ich am 16. September 1940 durch das Gefängnistor trat, ahnte ich nicht, daß ich auf den Tag genau zwei Jahre später durch das Lagertor von Wapniarka gehen würde, in das Lager, das mich, einen gesunden jungen Mann, zeitlebens zum Krüppel machen sollte.

Nach der üblichen Leibesvisitation wurden mir meine Uhr und das Geld abgenommen; dann führte man mich in eine Baracke. An deren beiden Längswänden war je eine Pritsche angebracht, die von einem Ende zum anderen reichte und die sich etwa fünfzig Häftlinge teilen mußten. Es waren Militär- und Zivilgefangene, die wegen verschiedener Vergehen, unter anderem Desertion und Diebstahl, hier einsaßen, sowie etliche politische Gefangene. Alle warteten auf ihre Aburteilung. In der Regel verteilte man die Gefangenen nach ihrem Prozeß auf verschiedene Gefängnisse, je nach der Schwere ihrer Strafe. Die nur zu einem Jahr Haft Verurteilten transportierte man nach Galata, die mit höheren Haftstrafen nach Văcăreşti, Aiud Tîrgu Ocna und in andere Haftanstalten. Politische Gefangene kamen nach Doftana, wo viele durch den Terror und den Hunger starben, die dort herrschten.

Wir wurden der Obhut des Zellenchefs übergeben, der mir meinen Schlafplatz zuwies. Durch die bei der Polizei erlittene Folter fühlte ich mich schwach und einsam, mein ganzer Körper war eine einzige eiternde Wunde, und wegen der Gedanken über meine neue Situation konnte ich die ganze Nacht nicht schlafen. Es empörte mich, daß auch die ‚Richter' der Eisernen Garde angehörten, genau wie die Polizisten, die mich, allein wegen der ‚Schuld', Jude zu sein, mitleidslos verhört und grausam gequält hatten. Ich sollte wegen einer Tat verurteilt werden, die ich gar nicht begangen hatte. Doch hatte ich begriffen, daß man mich völlig zerstören würde, sollte ich mich nicht mit dem Gedanken an das Schicksal abfinden, das mir bevorstand. Das Ziel derer, die mich hierher gebracht hatten, war ja die physische Vernichtung der Juden. Die einzige Lösung, am Leben zu bleiben, bestand darin, die Dinge so zu nehmen, wie sie nun einmal lagen, und mich selber nicht aufzugeben. Die Lage der jüdischen Bevölkerung im Lande wurde von Tag zu Tag schwerer und gefährlicher.

Am nächsten Tage meldete ich mich in der Krankenstation, um die notwendige Versorgung meiner Wunden zu erhalten. Mein ganzer Körper war blauschwarz bis schwarz und die Wunden offen. Arzt und Sanitäter verhielten sich durchaus anständig; denn sie kannten die Ursache meines Zustandes, war ich doch nicht der erste, den sie wegen Folterungen behandeln mußten. Ohne Fragen zu stellen, versorgten sie mich.

Die Tage vergingen langsam. Außer uns gab es noch andere Juden, die wie wir wegen irgendwelcher imaginärer Vergehen verhaftet worden waren. Da gab es den Händler Balaban, der als angeblicher Kommunist angezeigt worden war, nur weil man auf seinem Dachboden einen roten Lappen gefunden hatte – er wurde gefoltert und gestand; oder einen Schächter und seinen fünfzehn Jahre alten Sohn, die beide festgenommen worden waren, weil sie das Gerücht verbreitet haben sollten, die Russen würden die Provinz Moldau besetzen. Außerdem war da noch ein Sowjetsoldat, der versehentlich die Grenze überschritten hatte; er war jung und blond, lachte die ganze Zeit und sprach nur russisch.

Die Lage in Rumänien spitzte sich von Tag zu Tag zu. Das Gerücht ging um, die Russen wollten einen Teil Moldawiens besetzen und Iaşi würde unter ihre Herrschaft fallen.

Möglicherweise war etwas Wahres daran, denn die Behörden packten ihre Archive und lagerten sie nach Bacău aus. Man spürte die Vorbereitungen für einen Krieg gegen die UdSSR bis in das Gefängnis.

Um sich gegen die russische Kälte abzuhärten, erhielten die Soldaten keine Mäntel. Da wir keine Häftlinge eines Zivil-, sondern eines Militärgefängnisses waren, mußten auch wir an den Übungen der Soldaten teilnehmen. Um uns gegen Kälte unempfindlich zu machen, jagte man uns nach dem wöchentlichen Bade nackt hinaus, wo wir zu laufen und verschiedene gymnastische Übungen zu verrichten hatten.

Ungeduldig erwarteten wir in dieser angespannten Situation unseren Prozeß. Durch unsere Eltern (sie durften uns schreiben) erfuhren wir, einflußreiche Juden hätten Schritte unternommen, damit die Anklage gegen uns aufgehoben würde. Sie seien bereit, große Summen Geldes für uns zu bezahlen. Zu unserem Pech beharrten aber Avram Abramovici und seine Verlobte auf ihrer nach der Folter unterschriebenen Erklärung, um erneuten Mißhandlungen zu entgehen. Nichts konnte sie von ihrer Aussage abbringen. Zu unserem Unglück kam hinzu, daß die Polizisten, die uns verhört hatten, Angehörige der Eisernen Garde waren. Sie wollten auf gar keinen Fall die erpreßten Geständnisse aus der Hand geben, waren wir doch ihr erster ‚Verhaftungserfolg' in Iaşi. Erst jetzt verstanden wir, weshalb sie sich so grausam und wild aufgeführt hatten, und uns wurde bewußt, wie gefährlich unsere Lage war. Zunächst verwundert über den ausbleibenden Prozeßbeginn, merkte ich bald, daß erst einmal die Folterspuren verheilt sein mußten, damit sie nicht als Beweis für Verfehlungen der Polizei zu dienen vermochten.

Dank unserer Jugend und der medizinischen Behandlung vernarbten die Wunden; sie begannen zu verblassen und verschwanden schließlich ganz. Täglich machte ich Gymnastik, um meine körperliche Beweglichkeit nicht zu verlieren und nicht zu vergessen, was ich im Sportverein *Makkabi* gelernt hatte. Im Gefängnis konnte ich an verschiedenen Geräten wie Reck, Barren, Ringen und Pferd trainieren. Mit mir übten einige inhaftierte Schüler; die Soldaten allerdings schauten nur zu. Durch Lebensmittel, die ich täglich von zu Hause erhielt, kehrten meine Kräfte langsam zurück, auch mein seelischer Zustand besserte sich. Ich schöpfte wieder Hoffnung, alles heil überstehen und wie einen bösen Traum betrachten zu können, weil die Wahrheit schließlich doch über die gemeine Lüge siegen mußte.

Endlich legte man unseren Prozeßtermin fest. Zwei Rechtsanwälte waren von unseren Eltern mit der Verteidigung beauftragt worden, ein Major und ein Zivilist, der Advokat Popovici, der in Iaşi einen guten Ruf hatte. Mit kahlgeschorenen Köpfen führte man uns in den Gerichtssaal, wo man uns die Fesseln abnahm. Alle Familienmitglieder hatten sich eingefunden.

Das Gericht setzte sich aus einem Oberst und zwei Majoren zusammen. Der Staatsanwalt war ebenfalls Major. Eine eisige Atmosphäre umfing uns. Wir fünf Angeklagten hatten zu stehen und erwarteten ergeben den Prozeßverlauf, in dem wir alsbald die Rolle von Rindern spielten, die man zum Schlachter führt. Der Richter verlas die Anklageschrift, was etwa eine halbe Stunde währte. Mit patriotischen Phrasen deklamierte er, daß die neue Regierung den sehr schweren Auftrag habe, das Land vor dem Untergang zu bewahren, gerade aber die Juden seien überaus gefährliche Elemente, weil sie als willfährige Werkzeuge der Sowjetunion versuchten, diesen Auftrag mit kriminellen Methoden zu sabotieren. Nach dem Vorsitzenden hielt der Staatsanwalt seine Rede und forderte die Todesstrafe: „... denn auch in der Sowjetunion liquidiert man Verschwörer ohne Mitleid. Nur ganz harte Strafen können den Umtrieben dieser kriminellen Elemente Einhalt gebieten."

Anschließend ergriffen unsere Anwälte das Wort. Der Major führte ins Feld, daß wir noch minderjährig seien. Popovici erging sich in allerlei philosophischen Gedanken und zitierte Gedichte, verlor aber kein Wort zur Anklage und wagte es nicht, die makabre Inszenierung zu entlarven. Schließlich forderte er Mitleid mit uns, weil wir noch jung seien und nicht gewußt hätten, was wir taten.

Nachdem der Anwalt seinen Diskurs beendet hatte, erteilte man uns Angeklagten das Wort. Ich sagte, alles sei eine große Lüge, weil die Erklärungen uns durch die Folter abgepreßt worden seien. Hier unterbrach sofort der Staatsanwalt - er glaube nicht, daß heutzutage noch mit Foltermethoden gearbeitet werde. Ich wußte nicht, was ich denken sollte. Sollte ich lachen oder weinen? Mir wollte eine solche Perfidie nicht in den Kopf. Gegen Mittag war der Prozeß abgeschlossen, das Urteil sollte am nächsten Tage verkündet werden.

Man brachte uns zurück ins Gefängnis. Wir waren äußerst niedergeschlagen und verzweifelt. Was würde uns der nächste Tag bringen? Nachts schlief niemand. Am nächsten Morgen führte man uns wieder ins Gerichtsgebäude. Die Urteilsverkündung war kurz. Unter größter innerer Anspannung nahmen wir unseren Schuldspruch entgegen. Avram Abramovici und seine Verlobte erhielten je vier Jahre Zuchthaus, vier Jahre politisches Interdikt und zehntausend Lei Geldstrafe. Wir anderen, Malvina Ghelberg, Nathan Schwartz und ich, bekamen drei Jahre Zuchthaus, drei Jahre politisches Interdikt und ebenfalls zehntausend Lei Geldstrafe mit dem Recht auf Berufung innerhalb von dreißig Tagen.

Die Mädchen brachen in Tränen aus, ebenso unsere Mütter. Wir ‚Männer' blickten mit bleichen Gesichtern zu Boden. Ich konnte nur mit großer Mühe ein Schluchzen unterdrücken, meine Augen aber waren tränennaß. Unser Hirn wollte nicht fassen, daß wir für eine völlig frei erfundene

Tat einige Jahre im Gefängnis absitzen sollten. Es erschien dumm und grotesk, war aber bittere Wirklichkeit, an der wir nichts, aber auch gar nichts ändern konnten. Wir waren in eine Falle geraten, die uns in einen endlos tiefen Abgrund stürzte.

Bevor wir in das Gefängnis zurückgebracht wurden, konnten wir uns noch von unseren Eltern verabschieden. Einige Tage später kam die Benachrichtigung über unsere Verlegung. Wir sollten bis zur Entscheidung über unseren Einspruch in das Zivilgefängnis von Bacău gebracht werden.

4. ALS HÄFTLING IN BACĂU

Das Gefängnis von Bacău war ein altes, modriges Gemäuer. Zusammen mit zivilrechtlich Verurteilten, also Dieben, Betrügern und anderen Gaunern, steckte man uns in eine Zelle, wo uns der Zellenchef in Empfang nahm. Er wies uns unsere Schlafplätze zu und spielte sich als Beschützer auf, doch währenddessen stahlen uns die Mithäftlinge die Sachen vom Leibe. Nachts bemerkte ich, daß er auch noch andere Absichten hatte, denn er begann mich zu befingern. Ich war jedoch kräftig genug, mich seiner homosexuellen Annäherungen zu erwehren, und sprang von der Pritsche auf.

Am nächsten Morgen wurden wir drei (Abramovici, Schwartz und ich) auf meine Bitte hin zusammen in eine andere Zelle verlegt. Wir verstanden uns recht gut, verspürten auch keinen Haß mehr aufeinander, weil uns klar geworden war, daß jedem von uns durch das Schicksal in gleicher Weise übel mitgespielt worden war und wir uns damit abzufinden hatten.

In den ersten Tagen erzählten wir uns Ereignisse aus unserem Leben, ich sage wohl besser, aus unserer Jugend, denn keiner von uns war älter als zwanzig Jahre. Traurig dachten wir an die nächste Zeit. Wie würde es uns ergehen? Würden wir das rauhe und karge Gefängnisdasein auf so lange Zeit ertragen können?

Nur wer selbst als Häftling in einem Gefängnis gewesen ist, kann ermessen, was es bedeutet, morgens zwischen kalten Mauern und hinter einer verriegelten Tür aufzuwachen, im Gestank von Schimmelpilzen und menschlichen Ausdünstungen ohne Sonnenlicht aufzustehen. Die vergitterten Fenster hoch unter der Decke waren zu klein, um die Sonne hereinscheinen zu lassen. Das Essen war karg und schlecht, die Arbeit in der Gefängnisgärtnerei hart. Um vier Uhr früh wurden wir geweckt, und mit nüchternem Magen marschierten wir los. Erst mittags um zwölf gab es die erste Mahlzeit, eine zweite um fünf. Das Essen bestand aus einer dünnen Wassersuppe, die den Grund des Tellers klar durchscheinen ließ, und einer aus Maismehl zubereiteten Portion *Mămăligă*, die wir *Chirpig* nannten, weil sie einem Ziegelstein ähnelte.

Die einst tiefschwarz gefärbten Uniformen der Wachsoldaten hatten sich im Laufe der Zeit entfärbt und schillerten nun in einem häßlichen Rötlichgrün. Die Wachposten sahen in ihnen schäbig aus. Uns, die wir einen noch schäbigeren Eindruck machten, betrachteten sie wie Ungeziefer. Es schien sie selbst zu ärgern, daß wir zu atmen wagten. Dazu galten wir als Kommunisten und waren auch noch Juden, deren Ausrottung in Europa doch durch Hitler beschlossene Sache war.

Unsere Zelle maß vier mal zweieinhalb Meter. Als einziges Mobiliar gab es einen Holzkasten mit Deckel, der einen ekligen Geruch von Urin verströmte. Soviel man das Ding auch abzuwaschen versuchte, der Gestank war nicht wegzubekommen, weil er sich, wer weiß seit wie vielen Jahren, im Holz festgesetzt hatte.

Wie erwähnt, mußten wir im Gefängnisgarten arbeiten, der etwa zwei Kilometer entfernt lag. Wir marschierten in Vierergruppen; unsere Werkzeuge erhielten wir dort: einen Spaten, eine Schaufel oder eine Spitzhacke. Die Arbeit war kaum zu ertragen, vor allem deswegen, weil für uns körperliche Anstrengung dieser Art völlig ungewohnt war. Man hatte fast die ganze Zeit in gebückter Haltung zu arbeiten und wurde von den Wachposten sofort angetrieben und beschimpft, wenn man versuchte, sich einmal aufzurichten und zu verschnaufen. Nach ein paar Tagen hatten sich schmerzhafte Blasen an den Händen gebildet, die sich zu unserer Erleichterung im Laufe der Zeit zu Schwielen verhärteten. Mittags brachte man uns das heiß ersehnte Essen auf das Feld hinaus. Woraus es bestand, habe ich schon erwähnt. Auf dem Rückwege am Spätnachmittag lud man uns völlig ermüdeten Häftlingen noch schwere Zementsäcke auf, die zur Reparatur der Gefängsnismauern dienten. Mit den Gedanken waren wir zu Hause, bei der Familie und bei den Freunden, doch ohne alle Hoffnung, sie je wiederzusehen.

Durch das Bündnis mit dem starken Deutschland konnte sich Rumänien der Forderung nach Stationierung deutscher Truppen auf seinem Territorium nicht widersetzen. Deshalb war auch Bacău voll von deutschen Soldaten, die häufig durch die Straßen marschierten und markige Lieder sangen. Die Eiserne Garde machte es ihnen nach. Einmal, auf dem Rückweg zum Gefängnis, trafen wir auf eine Abteilung von ihnen in ihren grünen Uniformen, Hakenkreuzbinde am linken Ärmel und eine Pistole im Gürtel. Unser Gefangenentrupp erschien gegen sie wie ein Haufen von

Vagabunden und Herumtreibern. Ich sah mit Schaudern in die Gesichter dieser Menschen. Aus den finsteren Mienen sprach deutlich der Wille zu bestialischer Blutrünstigkeit; sie warteten nur auf den Befehl, losschlagen zu dürfen. Mit jeder Faser meines Körpers empfand ich die Katastrophe, die über das jüdische Volk hereinbrechen mußte. Unwillkürlich flehte ich den Himmel um ein rettendes Wunder an.

In der Nachbarzelle saß einer der Brüder Izvorianu, die große Textilfabrikanten in Bacău waren. Als ich ihn sah, war ich sehr überrascht, hatte ich mir Industrielle doch stets fett und arrogant vorgestellt. Er war das genaue Gegenteil: Ein schlanker Mann, rothaarig, einfach gekleidet und recht gesellig. Jeden Morgen betete er in Gebetsriemen und Gebetsschal, denn er war ein religiöser Mensch. Trotz seiner Sonderstellung – er bewohnte eine Einzelzelle und brauchte nicht zu arbeiten – freundete er sich mit uns an.

Nach einigen Wochen trafen neue Häftlinge ein, eine Gruppe junger Juden, unter ihnen Lupu Presman, Avram Solomovici, L. Litman und Dr. Krisan. Mit ihrer Ankunft wurde unsere Stimmung besser, und die Zeit verging angenehmer. Presman wurde Sprecher unserer Zelle, in der sich mittlerweile elf Personen auf engstem Raume zusammendrängen mußten. Wir schliefen so dicht aneinander, daß es unmöglich war, sich umzudrehen, ohne daß sich alle auf die andere Seite legen mußten.

Eines Tages wurden wir von deutschen Offizieren besucht, die sich die elenden Verhältnisse ansahen, in denen wir zu hausen hatten. Sie schienen entrüstet, und einer wandte sich an den Aufseher, der kein Wort Deutsch verstand: „Sie sollten lieber erschossen werden, als hier wie die Schweine zu leben. Es ist nicht human, Menschen so zu quälen."

Bei diesem Wort des Deutschen fuhr ich schaudernd zusammen. Wenn das wahr würde!

Bald bildeten wir eine feste Gemeinschaft, in der wir versuchten, das Leben unter den herrschenden Bedingungen besser zu meistern. Nach dem Zapfenstreich um achtzehn Uhr begannen wir zu diskutieren: über Politik, über Bücher, über die vielen Probleme, die sich aus unserer Gefangenschaft ergaben. Dabei übertraf Presman uns Gymnasiasten mit seiner recht umfassenden Allgemeinbildung bei weitem, hatte er doch bereits zwei Semester Literatur und Philosophie studiert. Irgendwie verlor ich das Gefühl für die harte Wirklichkeit und begann sogar, unsere Situation zu bagatellisieren. Doch die Ernüchterung erfolgte bald. Am 9. November 1940 schreckten wir aus tiefem Schlaf auf, als unsere Zelle zu wackeln und zu knirschen begann. Schreie durchdrangen die Nacht, und lautes Klopfen an die Zellentüren war zu vernehmen. Wir wollten hinaus, doch niemand kümmerte sich um uns, obwohl es schien, als wollten die Mauern einstürzen und uns begraben. Wie die Ratten fühlten wir uns, die man in ihrem Käfig ersäufen will. Doch wie durch ein Wunder blieben wir unversehrt, obwohl die Erde noch mehrere Male bebte. Erst viel später erschienen endlich die Wachen und schlossen die Türen auf.

Kurz darauf wurden wir nach Iaşi zurückgebracht. Unser Anwalt riet uns, unseren Einspruch zurückzuziehen, da wir keine Chance auf Erfolg hätten. Wir sollten auf eine Amnestie durch König Michael anläßlich seines Namenstages warten. So nahmen wir unseren Einspruch zurück, wofür man uns ein Drittel des zeitlichen Strafmaßes erließ. Mich erwarteten also noch zwei Jahre Gefängnis, zwei Jahre politisches Interdikt und zehntausend Lei Geldstrafe.

Nach ein paar Tagen verbrachte man uns in Ketten in das Gefängnis von Galata.

5. DAS ZIVILGEFÄNGNIS GALATA

Das alte Galata-Gefängnis liegt auf einem Hügel, und mit seiner zehn Meter hohen und zwei Meter dicken Mauer sieht es aus wie eine mittelalterliche Festung. Wir wurden in eine Zelle mit feuchten und schimmeligen Wänden gesteckt. Durch das kleine, hoch gelegene und mit starken Eisenstäben vergitterte Fenster drang nie ein Sonnenstrahl. Als Bett erhielt jeder eine knapp zwei Meter lange und sechzig Zentimeter breite Matte. Die Kiste für die Notdurft thronte mit ihrem widerlichen Geruch in einer Ecke.

Zunächst herrschte im Gefängnis eine relativ milde Hausordnung. Wir Gefangenen konnten frei im Hofe umhergehen und durften im Monat drei Postkarten schreiben. Einmal wöchentlich erlaubte man uns den Besuch von Angehörigen. Im Lande draußen herrschten allerdings die Legionäre mit ihrem Terror, der von Tag zu Tag schlimmer wurde.

Außer uns saßen hier noch eine Anzahl Zivilhäftlinge ein. Bereits nach kurzer Zeit hatten wir zu ihnen Kontakte geknüpft. Der Gefängnisleitung gefiel es allerdings ganz und gar nicht, daß wir politischen Häftlinge mit den anderen in Verbindung traten. Man begann härter zu werden.

Bereits zwei Tage nach unserer Ankunft versuchte deshalb ein Oberaufseher, uns zu provozieren. Beim morgendlichen Appell waren wir zum Durchzählen angetreten, als er mit zwei Wachen eintrat. Presman, auch hier unser Zellensprecher, nahm die befohlene stramme Haltung an und meldete: „Herr Vorsteher, in der Zelle befinden sich elf Gefangene."

Die Wachen zählten durch und grüßten beim Hinausgehen mit „Guten Morgen", worauf wir im Chor ebenfalls einen guten Morgen wünschten. Obwohl bekannt war, daß man im Gefängnis den Gruß mit *„Să trăiți!"* [11] zu erwidern hatte, hatte man bislang unser „Guten Morgen" gelten lassen. Jetzt jedoch wollte der Oberaufseher uns zur Beachtung der Regeln zwingen. Der Tür zugewandt sagte er: „In ein paar Minuten werde ich zurückkommen, und ihr werdet meinen Gruß mit ‚*Să trăiți*, Herr Vorsteher!' beantworten. Habt ihr verstanden?"

Ich persönlich war dagegen, wegen dieser Bagatelle den Aufseher zu provozieren, doch als nach etwa zehn Minuten Presman erneut zum Rapport antreten lassen mußte, grüßten wir, wie beim ersten Male, mit „Guten Morgen!" Der Aufseher wurde rot vor Wut, in der Zelle herrschte eisiges Schweigen. Wir wagten kaum zu atmen und überlegten voller Sorge, was nun wohl geschehen werde. Schließlich waren wir Gefangene, den Wachen hilflos ausgeliefert, und dazu waren wir Juden. Die Spannung wuchs, eine endlos scheinende Pause entstand. Anscheinend konnte der Aufseher nicht begreifen, weshalb wir uns den Regeln des Gefängnisses nicht beugen wollten. Jeden Augenblick erwarteten wir eine Explosion. Doch auf einmal drehte er sich auf dem Absatz um, wandte sich uns an der Tür noch einmal zu und brüllte: „Ich lasse euch Zeit bis zum Zapfenstreich. Solltet ihr es euch bis dahin nicht anders überlegt haben, werde ich euch hart bestrafen."

Natürlich besprachen wir uns, nachdem die Wachen wieder verschwunden waren. Die Mehrheit war entschlossen, solchem Terror nicht zu weichen und die Würde politischer Gefangener zu bewahren.

Die Stunde des Zapfenstreichs rückte näher. Wir waren angetreten und warteten gespannt und bange, aber fest entschlossen, nicht nachzugeben, was auch immer geschehe. Immer näher kamen die schweren Schritte der Wachen, und immer deutlicher hörten wir das *„Să trăiţi!"* der Gefangenen. Die Nachbarzelle wurde wieder abgeschlossen und verriegelt; wenige Augenblicke später erschienen die Wachen mit dem Oberaufseher an der Spitze bei uns. Presman machte seinen Rapport, zwar mit blassem Gesicht, doch mit fester Miene. Der Aufseher rief „Guten Abend", worauf wir im Chor „Guten Abend" erwiderten. Einen Augenblick sah er uns an, dann zischte er: „Ich werde euch schon zur Vernunft bringen, Judenpack."

Die Tür wurde zugeworfen, die Schritte entfernten sich, und bald herrschte völlige Ruhe.

Am nächsten Morgen erhielten wir Zellenarrest. Nur fünfzehn Minuten täglich ließ man uns hinaus, wenn der Abortkübel geleert werden mußte. Ferner strich man uns die Besuchszeit, außerdem durften wir nicht mehr schreiben, und Lebensmittel, die uns unsere Angehörigen bisher schicken durften, wurden uns nicht mehr ausgehändigt. Wir berieten und beschlossen: Hungerstreik, bis die Verbote zurückgenommen werden.

Daraufhin verweigerten wir unser Mittagessen. Als die anderen Häftlinge tags darauf von unserem Hungerstreik erfuhren, entstand große Aufregung, die sich immer lauter Gehör verschaffte. Unter den Gefangenen befand sich auch der *Haiduc*[12] Balan in der roten Kleidung der Lebenslänglichen. Unter seiner Anleitung begannen die Sträflinge gegen die Eisentüren ihrer Zellen zu schlagen; ein unbeschreiblicher Lärm entstand. Begleitet von einigen Wachleuten erschien der Oberaufseher, um die Gemüter zu beruhigen; doch trotz der Ketten an seinen Füßen stürzte sich Balan auf ihn, packte ihn an den Schultern und schlug seinen Kopf gegen die Wand. Auch die Begleiter wurden nun von Häftlingen verprügelt. Nur unter Einsatz aller Wachen und der Gefängnisverwaltung konnte der Oberaufseher mit etlicher Mühe aus Balans Händen befreit werden; denn er war groß und verfügte über enorme Körperkräfte. Uns blieb leider nur die Zuschauerrolle vom winzigen Zellenfenster aus, weil uns der Hofgang verboten worden war. Wir hätten gerne mitgeprügelt.

Nach einigen Stunden schloß man unsere Zellentür auf. Sämtliche Restriktionen wurden aufgehoben und wir vom *„Să trăiți!"* befreit. Ein Wunder war geschehen: Allein durch unsere Standfestigkeit hatten wir gesiegt.

Leider war die Freude nur von kurzer Dauer, denn man teilte uns etwas später mit, daß wir in das Gefängnis von Caransebeş verlegt würden, um dort die uns auferlegte Strafe zu verbüßen. Mit schweren Ketten an den Füßen mußten wir zum Bahnhof gehen. Dort konnte ich meine Mutter entdecken, die entsetzt mit ansehen mußte, wie ihr Sohn als Schwerverbrecher abtransportiert wurde. Ich machte ihr ein Zeichen, und das Herz wurde mir schwer. Ob wir uns je im Leben wiedersehen würden?

Von Natur aus habe ich die Veranlagung, in allem bösen Geschehen noch einen Hoffnungsschimmer zu finden. So suchte ich auch jetzt den Strohhalm, an den ich mich klammern könnte, und fand ihn auch. Trotz der Aussichtslosigkeit meiner Lage meinte ich, jung genug und durch den Sport genügend gestählt zu sein, um die mir bevorstehende harte Zeit durchstehen zu können. Mein starker Wille half mir sehr, die steten Demütigungen der Wachen und meine völlige Ohnmacht gegenüber dem Unrecht zu ertragen.

Wir waren etwa dreißig Häftlinge, darunter auch der *Haiduc* Balan. Merkwürdigerweise hatten alle das Gefühl, daß allein seine Gegenwart uns beschützen könne. Wir stiegen in einen bereitstehenden Waggon, der nur zwei kleine, vergitterte Fenster zu beiden Seiten aufwies, und bald setzte sich der Zug in Bewegung. Es dauerte gar nicht so lange, da merkte ich, daß ‚unser Freund Balan' Lebensmittel und andere Dinge stahl. Auch die

Zivilhäftlinge erleichterten unser Gepäck, so daß wir sehr rasch lernten, im Gefängnis niemandem zu vertrauen, auch sogenannten Freunden nicht. Die Schlitzohrigen und die Starken lebten auf Kosten der Schwachen, Worte dienten nur dazu, Absichten und Gedanken zu verbergen.

Acht Tage waren wir unterwegs von der Bukowina bis Siebenbürgen. Nachts schliefen wir in den örtlichen Gefängnissen. In Văcăreşti, einem Stadtteil von Bukarest, hielten wir einige Tage; doch dann ging es weiter nach Caransebeş. Hier erwiderten auch politische Gefangene den Gruß mit „*Să trăiţi!*" Gegen Caransebeş war Galata ein Hotel gewesen.

6. *DAS GEFÄNGNIS CARANSEBEŞ*

Unter den Häftlingen war das Gefängnis von Caransebeş kaum bekannt gewesen. Das änderte sich jedoch durch das Erdbeben, welches das berüchtigte Gefängnis Doftana bis auf die Grundmauern zerstört hatte. Dreiunddreißig Häftlinge waren von den einstürzenden Mauern erschlagen, zahlreiche schwer verletzt worden. Ein baumlanger Bessarabier, seinen Namen habe ich vergessen, lag fünf Tage unter den Trümmern, konnte aber, als er bereits von Ratten angefressen wurde, geborgen werden. Man sagte mir, daß bei den Bergungsarbeiten auch deutsche Soldaten unter Einsatz ihres Lebens viele Gefangene gerettet hätten. Man wollte wissen, daß es Sozialdemokraten gewesen seien, die von den dort einsitzenden Antifaschisten gewußt hätten. Dreizehn der Toten waren politische, die anderen Zivilgefangene. Überlebt hatten nur die, die sich gleich zu Beginn des Bebens unter schützende Türrahmen hatten stellen können.

Sämtliche politischen Gefangenen wurden nach Caransebeş verlegt.

Das Gefängnis, ein moderner, fünfstöckiger Stahlbetonbau, grenzte an eine Kaserne und war von einer hohen Mauer umgeben, auf der Tag und Nacht Wachposten patroullierten. Im Gefängnishof stand ein kleineres Gebäude, in dem der Direktor mit seiner Familie wohnte. Es war aus Sicherheitsgründen seinerseits mit einer Mauer abgegrenzt. Im Parterre des Gefängnisses befanden sich eine Gärtnerei, die Küche, die Wäscherei, das Bad und die Räume für die Wachmannschaft.

Es waren an die fünfhundert Häftlinge in Caransebeş, von denen nur etwa hundert als Zivilgefangene galten. Die anderen waren wegen politischer Delikte inhaftiert worden wie beispielsweise Spionage, kommunistische und sozialistische Umtriebe oder, wie wir Juden, wegen irgendwelcher imaginärer Anschuldigungen.

Unter uns Politischen befanden sich etwa hundert ‚Gelbe‘ [13], die sich von uns absonderten und einzeln lebten. Sie teilten keinerlei Lebensmittel und unterwarfen sich auch nicht den Regeln, die insgeheim unter den Gefangenen galten. Wir anderen Häftlinge unterhielten keine Beziehungen zu ihnen.

Sobald ich das Gefängnistor durchschritten hatte, wurde ich vom Oberaufseher in Empfang genommen und gründlich durchsucht. Der Besitz von Geld, Schmuck und Uhren war nicht gestattet. Ich erhielt einen alten Anzug aus dem gefängnistypischen quergestreiften Stoff, den ich allerdings nicht zu tragen brauchte.

Man steckte mich in Zelle Nr. 48, die fünf auf fünf Meter maß. In den dreistöckigen Eisenbetten mußten sich jeweils zwei Häftlinge ein Bett teilen. Dreiundzwanzig Männer waren hier eingepfercht worden. Außerdem gab es den unvermeidlich nach Urin stinkenden Verschlag für den Abortkübel. Die Neuankömmlinge mußten auf dem Boden schlafen, bis sich ein Schlafplatz für sie gefunden hatte.

Unser Zellenchef, Teodor Rudenco, Fedea genannt, war ein recht groß gewachsener, umgänglicher Mann mit slawischem Einschlag. Sein Gesicht ließ Intelligenz vermuten. Eigenartig wirkte sein Blick. Schaute er einen mit seinen sehr blauen Augen an, meinte man, er blicke bis auf den Grund der Seele und könne so das Innerste seines Gegenüber erkennen. Obwohl erst achtundzwanzig Jahre alt, hatte er bereits schneeweiße Haare. Er kam aus Doftana und war wegen kommunistischer Umtriebe an der Universität zu fünfzehn Jahren Haft verurteilt worden. Rudenco war berühmt für seine »Gesänge über Doftana«.

Morgens um halb fünf wurde geweckt. Schnell hatten wir uns anzuziehen und in zwei Reihen aufzustellen. Eine Wache öffnete die Zellentür, und kurz darauf trat der Oberaufseher in Begleitung einiger Wachsoldaten ein. Bei seinem Erscheinen hatte der Zellensprecher Haltung anzunehmen und zu melden: „*Să trăiți*, Herr Oberaufseher! Zelle achtundvierzig mit dreiundzwanzig Häftlingen erwartet Ihre Befehle".

Daraufhin zählte der Aufseher die Männer, wandte sich zum Gehen und rief: „Guten Morgen, Männer!", worauf wir einstimmig mit „*Să trăiți!*" antworteten.

Damit war das morgendliche Zeremoniell beendet. Anschließend erschien Vasea, der Kapo des Arbeitsdienstes, der uns für den jeweiligen Tag zur Arbeit einzuteilen hatte. Er verfügte mit seinen enormen Muskeln über große Körperkräfte; auch er war zu vielen Jahren Gefängnis verurteilt worden. Mich kommandierte er zum Holzsägen im Keller ab. Anfangs fiel mir diese Arbeit recht schwer, doch vertraute ich auf meine Fähigkeit, mich daran gewöhnen zu können, was auch geschah.

Mit drei Problemen hatte ich fertig zu werden: Hunger, Kälte und Moral.

Zu essen gab es zweimal täglich: um zwölf und um fünf Uhr nachmittags eine Wassersuppe und zweihundert Gramm *Mămăligă*. Morgens erhielten wir eine Art Tee, der eher als Zuckerwasser zu bezeichnen war. Da ich schwer arbeiten mußte, reichte mir das Essen nicht, so daß ich ständig hungrig war. Der Hunger machte mir, je weniger meine Vorräte von zu Hause wurden, immer mehr zu schaffen. Er terrorisierte nicht nur meinen Körper, sondern verursachte eine bislang ungekannte psychische Starre. Vergeblich versuchte ich, meine Gedanken auf anderes zu lenken, immer wieder drängte der leere Magen mein ganzes Denken auf das Essen.

Den Mithäftlingen ging es nicht anders, so daß wir, um diesen Feind Nummer eins zu besiegen, eine Regel vereinbarten: Wenn jemand ein Lebensmittelpaket von zu Hause erhielt, mußte er damit zu Persic, einem kleinen, stets gut gelaunten dreißig Jahre alten Manne gehen. Dieser verwahrte den Inhalt in einer Kammer, die uns von der Verwaltung zur Unterbringung unserer Pakete zugeteilt worden war. Der jeweilige Empfänger durfte von jedem Stück seiner Lebensmittel eine kleine Portion an sich nehmen. So blieben beispielsweise von einem dreißig Kilogramm schweren Paket ca. sechshundert Gramm für einen selbst übrig. Aus dem von Persic verwalteten Lebensmitteldepot sollte jeder Gefangene täglich oder zwei- bis dreimal wöchentlich eine Zusatzration bekommen. Leider erhielten die meisten von uns keine Unterstützung von zu Hause, sei es, daß die Angehörigen selbst nichts besaßen, sei es, daß sie in nun abgetretenen Gebieten wie Bessarabien, der nördlichen Bukowina oder im Norden Transsilvaniens lebten. Doch ein paarmal pro Woche kamen wir in den Genuß eines zweiten Schlags Suppe, die oft noch einige Speckstücke enthielt. Außerdem gab es abends noch den *Chaluk*. Das ist ein hebräisches Wort für Teil[14], das die Wachen nicht verstehen sollten, damit sie von unserer Eigenhilfe möglichst wenig erfuhren, standen ihnen doch gerade gegen uns Politische sehr harte Bestrafungsmaßnahmen zur Verfügung. Der *Chaluk* war ein Stückchen Speck von zwanzig bis dreißig Gramm.

Der zweite Feind war die Kälte. Die Zellenfenster gingen alle nach Norden, so daß nie die Sonne hereinscheinen konnte. Wegen der knappen Luft standen sie sommers wie winters offen, Tag und Nacht. Im Winter konnte man sich kaum einmal aufwärmen, und die Kälte machte uns um so mehr zu schaffen, je ausgezehrter unsere Körper waren, die weder genügend Fett noch Obst oder Gemüse und damit irgendwelche Vitamine zugeführt bekamen.

Feind Nummer drei war die Moral. Das Wohlbefinden hängt nun einmal stark vom Magen ab. Somit wurde es uns sehr schwer, mit vor Hunger rebellierenden Eingeweiden unsere menschliche Würde zu bewahren. Hinzu kommt, daß uns alles fehlte, was ein normales Leben ausmacht. Keine Zeitungen, keine Uhr, kein Radio, eingesperrt hinter Gefängnismauern in unsere Zellen und gepeinigt von der sexuellen Not. Die Zeit wurde uns lang. Ein Tag dehnte sich wie eine Woche.

Gegen diesen unsichtbaren Feind versuchten wir mit allen Mitteln anzukämpfen. Wir politischen Häftlinge bildeten eine Gemeinschaft, die zusammenhielt, um überleben zu können. Die Leitung dieses Kollektivs hatte die Aufgabe, unsere Gruppe fest zusammenzubinden, auf eiserne Disziplin zu achten und uns durch kulturelle und politische Themen auf andere Gedanken zu bringen. Wegen der vielen Kommunisten, die zu uns gehörten, war es selbstverständlich, daß wir uns mit deren Gedankengut auseinandersetzten. Da das Gefängnis über eine Bibliothek verfügte, konnten wir lesen und daran anschließend Buchbesprechungen abhalten, denen stets interessante Diskussionen und Kommentare folgten. Das alles trug ganz wesentlich zur Festigung unserer Moral bei. Ohne solche Aktivitäten wären die Gefangenen innerhalb weniger Wochen völlig demoralisiert und bald auch körperliche Wracks geworden, leichte Opfer für Tuberkulose und Verfall. Eines der ganz großen Probleme bildet in jedem Gefängnis die Unterbindung des Sexuallebens. Auch hier schützten uns die geistige Tätigkeit und die strenge Disziplin davor, wahnsinnig zu werden.

Zu den Maßnahmen unserer Kollektivführung, den entsetzlichen Gefängnistrott immer wieder zu durchbrechen, gehörte der jahrelange Kampf mit der Verwaltung um die Einrichtung von Werkstätten. Tatsächlich gelang es, daß man Werkzeuge zum Drechseln von Holz und Stein, zum Schneidern, Flechten und Schustern, eine ganze Schreinerei und einen Webstuhl herbeischaffte. Diese Werkstätten hatten mehrere Aufgaben zugleich: Die wichtigste war, den Häftlingen eine tägliche Beschäftigung zu geben, doch daneben konnte mancher ein Handwerk erlernen, und schließlich sollte die materielle Lage der Gefangenen durch den Verkauf der Produkte auf dem Markt verbessert werden. Deshalb mußten unsere

Waren von sehr guter Qualität sein, sonst wären sie nicht konkurrenzfähig gewesen. Auch sollte durch den Verkaufserlös das Interesse der Verwaltung geweckt werden.

Auf dem Markt von Caransebeş hatten wir einen Stand, an dem einmal in der Woche zwei Häftlinge unter Aufsicht die Produkte zu einem günstigen Preise anboten. Das eingenommene Geld verwahrte unser Kollektiv. Um die Käufer anzulocken, waren die Waren mit einem Symbol gekennzeichnet, und die Verkäufer trugen die gestreifte Gefängniskleidung. Im Geheimen jedoch sollte eine Verbindung mit Personen aufgenommen werden, die draußen gegen das faschistische Regime kämpften. Auf diese Weise gelang es uns, mit heimlich zugesteckten Briefen Informationen auszutauschen. Draußen sollte man erfahren, was sich im Gefängnis abspielte; wir drinnen erhielten Nachrichten über die Ereignisse im Lande. Dabei mußten wir selbstverständlich äußerste Vorsicht walten lassen, damit die Wachen nichts von diesem Austausch merkten.

Neben der Werkstattarbeit gab es andere Tätigkeiten außerhalb des Gefängnisses. Wir mußten Feldarbeit verrichten, im Bahnhof Waggons mit Holz, Kohle und sonstigem Material beladen oder Güterwagen entladen. Für diese Tätigkeit wurde ein Trupp von sechs besonders kräftigen jungen Männern gebildet, ich gehörte dazu. Wir gelangten zu Ansehen, denn wir verrichteten unsere Aufgaben sehr gewissenhaft und mit großem Fleiß, ohne dabei jedoch die zur selben Arbeit abkommandierten Soldaten in Verlegenheit zu bringen. Sie handelten ohne Lust und nur auf Befehl, während wir viel lieber außerhalb der Gefängnismauern arbeiteten als innerhalb und deshalb alles taten, um unseren Platz zu behalten.

Unser Kapo hieß Dragu Nicolaie und war zehn Jahre älter als ich. Er erhielt den geheimen Auftrag, mit den Bahnarbeitern Verbindung aufzunehmen, mit denen wir durch unsere Arbeit besonders oft zu tun hatten.

Eines Tages wurden wir bei der Rückkehr von einer über das übliche Maß hinausgehenden Durchsuchung überrascht. Wir mußten uns ausziehen und wurden an allen erdenklichen Stellen untersucht. Dabei merkten wir, wie Dragu Nicolaie verzweifelt dabei war, ein paar für uns verhängnisvolle Papiere zu verschlucken. Sofort halfen wir ihm und hatten großes Glück: Niemand hatte uns beobachtet. Was war geschehen? Hatte uns jemand verraten, oder war diese strengere Durchsuchung nur ganz zufällig durchgeführt worden? Ich habe den Grund nie erfahren.

Einige Tage nach meiner Einlieferung in Caransebeş teilte mir ein Häftling mit, Gheorgiu-Dej [15] wolle mich sprechen. Ich wunderte mich sehr, daß ein Politiker wie Ghita (so nannten ihn seine Freunde) ausgerechnet mich einfachen Mann sprechen wollte. Im Hofe stand er in einer Ecke, ich stellte mich vor, er tat ein gleiches. Das Gespräch begann mit den üblichen Floskeln der Entschuldigung für die Störung. Dann fragte er mich nach dem Grund für meine Verhaftung und nach meinem Prozeß, was man von draußen höre und nach anderen Dingen mehr, die ihn interessierten.

Dieser Mann war im Gefängnis die ‚Nummer eins', von jedermann geachtet und respektiert. Er war ein schöner Mensch mit einem gewinnenden Lächeln, und seine Ausstrahlung nahm mich ganz für ihn ein. Zum Abschied sagte er mir: „Ich freue mich, dich kennengelernt und so viel von dir erfahren zu haben."

„Was konntest du schon von mir erfahren? Sagst du das nur aus Höflichkeit? Kann jemand wie du von einem einfachen Mann wie mir etwas lernen?"

„Ja", sagte darauf Ghita sehr ernsthaft, „wir können und müssen von jedem etwas lernen; es gibt immer etwas zu lernen."

Er drückte mir kräftig die Hand und schlug mir freundschaftlich auf die Schulter. Noch oft hatte ich während meines Gefängnisdaseins in Caransebeş Gelegenheit, dem Menschen Gheorgiu-Dej zu begegnen. Ich lernte ihn schätzen und lieben.

Eines Tages, Anfang 1941, kündigte man eine Inspektion durch den Generaldirektor des Innenministeriums an. Keiner wurde zur Arbeit geschickt, alle mußten in den verschlossenen Zellen bleiben. Durch unseren Zellensprecher erhielten wir Anweisungen, wie wir uns bei der Inspektion zu verhalten hätten: nichts anprangern, nichts kritisieren, auf Fragen nur direkt antworten. Wie groß war unsere Verwunderung, als wir zum Mittagessen eine kräftige Suppe mit Bohnen und etwas Fett erhielten, eine größere Portion als sonst. Nach dem Essen endlich erschien die Kommission, die zunächst die Küche inspizierte und vom Essen kostete. Der elegant in einen schwarzen Mantel gekleidete Leiter der Kommission wurde von einem hochrangigen Offizier und dem Gefängnisdirektor begleitet. Wir waren in zwei Reihen angetreten, der Zellensprecher nahm Haltung an und rapportierte. Auf die Frage, ob es etwas auszusetzen gäbe, schwiegen wir, und Fedea verneinte an unserer Stelle. Ob wir auch mit dem Essen zufrieden seien, bejahten wir einstimmig, obwohl wir innerlich vor Wut kochten.

Abends gab es noch einmal die gleiche gehaltvolle Suppe, so daß wir besser schlafen konnten als sonst mit knurrendem Magen. Tags darauf war die Suppe wieder so dünn wie zuvor.

Es fiel mir nicht schwer, meine Schlüsse zu ziehen. Es gab ein stillschweigendes Einverständnis zwischen der Verwaltung und der Kollektivleitung. Die Verwaltung erhielt ein Budget für ausreichende Beköstigung der Gefangenen, das sie aber selbst einsteckte, ohne daß das Kollektiv protestierte. Dafür aber verschloß die Verwaltung beide Augen vor dem, was sich innerhalb des Gefängnisses abspielte.

So war Emil Bodnaras für die Freizeitgestaltung innerhalb des Gefängnisses zuständig, während Vasea, wie erwähnt, sich um den Arbeitsdienst kümmerte. Letztlich geschah nichts ohne Kontrolle des Gefangenenkollektivs. Alles wurde überwacht, angefangen bei der Post bis hin zur Einteilung zur Arbeit. Daß die Wachen nichts von unseren Maßnahmen erfuhren, verdankten wir der von uns freiwillig geübten Disziplin.

Am 21. Januar 1941 wurden wir in einen gewaltigen Schrecken versetzt. Gegen zwanzig Uhr ging aus heiterem Himmel eine Schießerei los. Zunächst wußten wir nicht, was draußen geschah. Fedea, unser Zellensprecher, befahl, uns flach auf den Boden zu legen, während er, durch die Mauer geschützt, auf den an das Gefängnis angrenzenden Kasernenhof blickte. Er berichtete, daß sich Soldaten und Legionäre bekämpften. Offensichtlich versuchten die Legionäre, die Kaserne zu besetzen und die Soldaten zu entwaffnen. Mehrere Stunden dauerte der Schußwechsel, bis er langsam abflaute und es wieder ruhig wurde. Was sollte das werden? Voller Besorgnis fielen wir in einen unruhigen Schlaf.

Geschehen war folgendes: Schon seit einiger Zeit kursierte das Gerücht, Deutschland vertraue der Regierung Antonescu nicht mehr und wolle sie mit einem Staatsstreich durch Horia Sima [16], der Hitler ergeben war, ersetzen. Die Kämpfe der Legionäre waren anscheinend ein Teil dieser Bestrebungen.

Am nächsten Morgen konnten wir mit eigenen Augen die Spuren des Kampfes an den Kasernen- und Gefängnismauern sehen. Um einem Wiederaufflackern der Kämpfe vorzubeugen, verstärkte man die Wachen. In der Stadt herrschte eine gespannte Atmosphäre, denn als Siebenbürger Schwaben waren viele Einwohner Hitler ergeben, und sowohl die militärischen wie die zivilen Organe fürchteten sich vor erneuten Ausschreitungen zugunsten der Legionäre.

Tags darauf erhielten wir ‚Besuch': Die Legionäre, die versucht hatten, Stadt, Kaserne und Gefängnis in ihre Gewalt zu bringen, kamen nun als Gefangene. Ihnen drohte der Prozeß wegen Hochverrats. Hier, glaubten wir, müßten wir aufklärerisch tätig werden. Wir versuchten in unserer linken Überzeugung, zu der inzwischen auch ich gekommen war, diesen Legionären die faschistischen Ideen auszutreiben. Sie hörten uns auch nachdenklich zu, und wer weiß, ob nicht einige von ihnen ihre Vorstellungen revidierten. Kurze Zeit später verlegte man sie in andere Gefängnisse, einige wurden wohl auch freigelassen.

Die Stimmung im Gefängnis war gespannt. Uns war klar, daß ein Krieg bevorstand. Was sollte aus uns Juden werden? Wir galten zusätzlich als Kommunisten, waren also zweifach als Staatsfeinde gebrandmarkt worden. Viele von uns wußten nicht einmal, was ein Kommunist war. Andere jedoch hätten ihr Leben für dieses Ideal gegeben. Die Mehrheit unter uns jedenfalls war antifaschistisch und demokratisch eingestellt. Mir war bekannt, daß die Sowjetunion ein Land war, in dem es den Juden gut ging, wo sie nicht dauernd diskriminiert wurden, gleiche Rechte wie andere Völker hatten und vor antisemitischen Ausschreitungen sicher waren.

Unsere Kollektivführung informierte uns laufend. So hieß es, der Staatssicherheitsdienst wolle Einzelheiten über das Gefängnis und über die Aktivitäten des Kollektivs herausfinden, wenn nötig, durch Folterung. Ich erschrak sehr darüber, wußte ich doch, daß ich letztlich einer Folter nicht standhalten konnte.

Alle vier bis sechs Wochen erhielt ich von zu Hause ein Paket mit zwanzig bis dreißig Kilogramm Lebensmitteln, welches ich durch Persic dem Kollektiv zukommen ließ. Wie beschrieben, erhielt ich davon nur meinen kleinen Anteil.

Weil ich jung und robust war, teilte man mir schwere Arbeiten zu. Ich reinigte zum Beispiel morgens mit eiskaltem Wasser den Aufenthaltsraum im ersten Stock, wobei mir im Winter fast die Hände abfroren. An allen Fingern bildeten sich schlimme Frostbeulen, die tiefe Wunden hinterließen. Trotzdem befreite mich Vasea von dieser täglichen Plackerei nicht. Hinterher mußte ich andere schwere Arbeiten erledigen. Bei besserer Ernährung wäre das alles leichter zu ertragen gewesen, doch ständig quälte mich der Hunger. Zu Hause hatte ich mich immer sattessen können; aber bei wem sollte ich mich hier beklagen?

Um diesen auszehrenden Arbeiten zu entkommen, gab ich mich als Schneider aus. Obwohl ich nicht einmal eine Nadel zu führen imstande war, wußte ich doch auf der Nähmaschine zu arbeiten. Das hatte ich bei meinem Vater gelernt. Und es gelang! Ich durfte in die Gefängnisschneiderei. Zwei Kollegen halfen mir sehr, so daß ich bald Hosen nach Maß zu fertigen verstand. Mein Dasein änderte sich endlich zum Besseren.

Am 21. Juni 1941 erteilte Antonescu der Armee den Befehl, den Pruth zu überschreiten. Am 29. Juni wurden in Iaşi zwölftausend Juden massakriert. Mich erschütterte die Nachricht derart, daß ich weinen mußte. Waren meine Angehörigen darunter? Noch ahnte ich nicht, daß mein achtundzwanzig Jahre alter Bruder Solomon, zwei Onkel, sechs Vettern und viele andere Angehörige und Freunde in dem Pogrom niedergemetzelt worden waren. Als Rudenco mich weinen sah, meinte er, ein junger Revolutionär dürfe darum kein großes Aufheben machen. Als ich ihm antwortete, ich fürchte um meine Familie, entgegnete er: „Die Familie zählt nichts. Die Genossen sind deine Familie, um sie sollst du dich kümmern. Sie sind das teuerste, was du hast. Deine Blutsverwandten zählen hier nicht."

Dies hat mich sehr mitgenommen. Ich gelangte zu der Überzeugung, daß ich meine Gefühle nicht öffentlich zeigen dürfte, vielmehr aufmerksam und vorsichtig sein müßte, um niemandem meine Gedanken zu offenbaren. Ich fühlte mich einsam, hatte das Bedürfnis nach einem Freund, auf den ich mich verlassen konnte – aber hier war er nicht zu finden. In der Mittagspause ging ich in den Hof hinunter, um für mich allein zu sein. Ich weinte ohne Tränen und flehte zu GOTT, mir doch in meiner Not zu helfen.

Das Kollektiv beauftragte Fainaru, sich mit mir zu befassen. Er war ein junger Mensch in meinem Alter, recht intelligent, in seinem Äußeren höchst nachlässig. Fast jeden Tag nach der Arbeit diskutierten wir stundenlang, so beispielsweise über die Geschichte des dialektischen Materialismus, was nahelag bei unserer linken Überzeugung, doch auch über Wirtschaftspolitik oder Religion. Er war Atheist und hielt Religion für eine Erfindung der Ausgebeuteten und Kulturlosen. Auch über die Darwinsche Evolutionslehre unterhielten wir uns, nachdem ich das Buch ‚Von der Entstehung der Arten' aus der Gefängnisbibliothek gelesen hatte. Ich glaubte seinen Worten und lernte viel von ihm.

In unserer Zelle waren wir Bettnachbarn. Eines nachts hörte ich ihn im Schlafe sprechen: „O HERR, vergib mir und hilf mir...". Beim ersten Mal nahm ich die Worte nicht ernst; doch als sich das mehrmals wiederholte, sprach ich ihn darauf an: „Weißt du, Izu, daß du im Schlafe sprichst und die Hilfe des HERRN erbittest, den du doch ablehnst?"

„Das ist nicht möglich. Ich glaube, du träumst es. Das kann gar nicht sein."

Ich machte ihm klar, daß mein Schlaf durch den ständigen Hunger sehr leicht sei und ich sehr wohl sein Klagen wiederholt vernommen hätte. Er ließ sich überzeugen, bat mich aber, Stillschweigen darüber zu bewahren, und gab zu, in einem Winkel seines Gehirns noch Zweifel am Atheismus zu haben. Ich merkte, daß wir Freunde geworden waren, und gerne unterhielt ich mich mit ihm.

Izu Fainaru wurde am 18. März 1944 im Gefängnis von Rybnița im Alter von zweiundzwanzig Jahren erschossen.

Ein anderer Mann, den ich sehr schätzte, war unser Zellensprecher, Fedea. Wie schon erwähnt, wurde jeden Abend lange über Gott und die Welt diskutiert, Ich nahm lebhaften Anteil daran, und verstand ich etwas nicht, wandte ich mich an Fedea, der sich aufgeschlossen zeigte. Er nahm sich stets Zeit, sich mit meinen Problemen zu beschäftigen, und ich zögerte nicht, seine Hilfe in Anspruch zu nehmen.

Nachdem Anna Pauker [17] 1941 im Austausch gegen einige rumänische Politiker aus dem Gefängnis in die Sowjetunion entlassen worden war, wurden zwei damals nicht unbekannte politische Widerstandskämpfer in unser Gefängnis eingeliefert: Lazar Grinberg und Bernard Andrei.

Grinberg, ein großer Mann, von Beruf Schlosser, galt als guter Theoretiker und wurde Mitglied der Kollektivleitung. Wie Gheorgiu-Dej trug auch er anstelle der gestreiften Gefängniskleidung Hosen und eine blaue Trainingsjacke.

Andrei war sein genaues Gegenteil, ein kleiner Mann, nur gut anderthalb Meter groß, still und eigentlich recht ungesellig. Er schien immer in Gedanken zu sein, als laste das Schicksal der Welt auf seinen Schultern.

Doch galt er als Mann der Tat, der mutig einen Entschluß bis zum Ende durchführen konnte, und koste es sein Leben. Auch er trug Hosen und eine blaue Trainingsjacke. Als vierten Mann nenne ich hier Chivu Stoica [18], der für den Streik von Grivita zu fünfzehn Jahren Haft verurteilt worden war. Diese vier mit Gheorgiu-Dej an der Spitze bildeten den harten Kern der Kollektivleitung, das sogenannte Zentralkomitee.

Die Gefängnisbibliothek führte Miron Constantinescu, der die Bücher nach dem Bildungsgrad der Leser auslieh. Er verfügte über das besondere Talent, jedem die für ihn passende Lektüre zu empfehlen. Von Beruf war er Lehrer.

Es gab eine große Zahl markanter Persönlichkeiten im Gefängnis, von denen mir nur noch Alexandru Draghici, Moghiros, Bodnaras und ein zweiundzwanzigjähriger untersetzter Mann einfallen, etwa einen Meter sechzig groß, mit braunen, schönen Locken und einer wie modellierten Nase. Man konnte ihn für einen Juden halten. Es war Nicolaie Ceauşescu.

Nach den Arbeitsstunden ergingen sich die Häftlinge in Gruppen von jeweils drei oder vier Mann im Hofe und unterhielten sich. Sie erweckten den Eindruck friedlicher Geselligkeit, doch waren es in Wirklichkeit mobile Politsitzungen. Organisierte Treffen in den Zellen durchzuführen war gefährlich, denn im Gefängnis haben die Wände Ohren. Man hätte von den Wachposten ertappt werden können. Also verlegte man solche Unterredungen in den Hof. Sie wurden insgeheim vom Zentralkomitee des Kollektivs geleitet. Dort gefaßte Beschlüsse gelangten über die Kader bis zum letzten Häftling.

Die Zellentüren wiesen kleine Fensterchen von sieben mal sieben Zentimetern auf, durch welche die nach dem Zapfenstreich im Gang patroullierenden Wachen spähten, um sofort Unregelmäßigkeiten zu melden. In unserer Zelle hatte Fedea einen Nagel über dem Guckloch eingeschlagen. Nachdem abends das elektrische Licht gelöscht worden war, hängte er seine Mütze daran, so daß der Posten den Eindruck haben mußte, in der Zelle sei es dunkel. In Wirklichkeit aber schrieb Fedea beim Schein einer Petroleumlampe oft ganze Nächte durch. Er hatte sich aus Pappe eine Ummantelung für die Lampe gebaut, die nur ein Rechteck von der Größe eines Schreibbogens erhellte.

Ich persönlich glaube, daß er Anleitungen für politische Aktionen außerhalb des Gefängnisses sowie Verfügungen und Beschlüsse der Partei niederschrieb; denn das Zentralkomitee der rumänischen KP mit Gheorgiu-Dej an der Spitze befand sich im Gefängnis von Caransebeş. Damit dieses Material nach draußen gelangen konnte, mußten einige, die zum Außendienst eingeteilt worden waren, es hinausschmuggeln. Das geschah unter strengsten Vorsichtsmaßnahmen, so daß selbst die Eingeweihten nichts davon bemerkten. Nur wenige wußten von dieser geheimen und recht verantwortungsvollen Aufgabe. Als Fedeas Zellengenosse war ich eingeweiht und konnte ihm oft bei der nächtlichen Arbeit zusehen, während die anderen nach einem harten Tag erschöpft schliefen. Als Mitglied dieser Außentruppe habe ich nie beobachten können, daß Dragu Nicolaie am Bahnhof mit Bahnarbeitern oder anderen Personen Kontakt aufgenommen hätte.

Im Gefängnis gab es einen Mann, der uns gefährlich werden konnte. Es war der Major Vărzaru, der wegen Spionage für England degradiert und verurteilt worden war (tatsächlich war er Agent der Sowjetunion). Er war ein schöner, großer Mensch, eine aristokratische Erscheinung. Man hatte ihn ertappt, als er Geheimsachen gegen Geld verriet. Auch er gehörte zu denjenigen, die isoliert lebten. Von morgens bis abends spazierte er allein und mußte nie arbeiten. Ihn beschäftigte nur ein Gedanke: Wie entkomme ich diesem Gefängnis? Deshalb verfolgte er alle Aktivitäten der politischen Gefangenen und verfaßte schließlich einen detaillierten Bericht über die Vorkommnisse im Gefängnis. Mit Hilfe eines Komplizen unter den Wachen schickte er den Bericht an das Innenministerium und an die Organe des Staatssicherheitsdienstes. Dabei überging er den Gefängnisdirektor, der eigentlich für die Weiterbeförderung des Briefes zuständig gewesen wäre. Dann jedoch hätte sein Schreiben niemals den Empfänger erreicht.

Es dauerte gar nicht lange, bis eine Kommission eintraf, der der Generaldirektor des Innenministeriums, der Chef der Staatssicherheit und einige andere Personen angehörten. Die Inspektion geschah völlig unerwartet und geheim. Schon vor dem Wecken trafen die Herren ein, und alle Ausgänge des Gefängnisses wurden blockiert.

Dies war sowohl für die Gefängnisleitung als auch für unser Kollektiv eine große Gefahr, für uns aber auch eine Herausforderung. Wäre nämlich die Kommission zu der Überzeugung gelangt, Vărzarus Bericht entspräche der Wahrheit, wäre es uns schlimm ergangen. Er hatte geschrieben, alle Richtlinien der KP – und damit der antifaschistischen Front – kämen aus dem Gefängnis Caransebeş. Es bestünden Kontakte zu vielen Persönlichkeiten bürgerlich-demokratischer Parteien, die alle gegen das Bündnis Rumänien-Deutschland-Italien-Japan opponierten. Ja, sogar Sabotageakte zur Unterstützung der Sowjetunion würden aus dem Gefängnis heraus organisiert.

Zwei volle Tage wurden wir in unsere Zellen eingesperrt. Jetzt wurde mir klar, wie schwer es für die sein mußte, die täglich nur für eine halbe Stunde an die Luft gehen durften. Allerdings hatten diese Häftlinge einen Weg gefunden, unter den erschwerten Haftbedingungen miteinander in Verbindung treten zu können. Sie hatten eine Art Seilbahn geschaffen: An einer Schnur, die das Gebäude umspannte, hing ein kleiner Stoffsack. Auf ein Klopfzeichen hin faßten die Häftlinge durch die Fenstergitter, um nun das Seil fortzubewegen. So ließen sich mittels dieser simplen Einrichtung Nachrichten und Lebensmittel transportieren. Absender und Empfänger waren vermerkt worden. Natürlich ließ sich ein solches Kommunikationsmittel nur nachts anwenden, weil tagsüber die Gefahr der Entdeckung zu groß gewesen wäre.

Nach zwei Tagen öffnete man die Zellentüren wieder und das übliche Leben ging weiter. Die Kommission aus Bukarest stimmte Vărzarus Meinung nicht zu und kam zu dem Schluß, nichts davon könne wahr sein, alles sei der krankhaften Phantasie des Majors entsprungen. Ein paar Tage später versammelte sich das ganze Gefängnis: Häftlinge, Wachmänner und Direktor. Ein langer Bericht wurde verlesen, in dem Vărzaru als verkommen und zu jeder Gemeinheit fähig dargestellt wurde, nur um aus dem Gefängnis zu entkommen. Er wurde zu fünfundzwanzig Stockschlägen verurteilt.

Tatsächlich mußte der Major die Hosen herunterlassen und bekam von einem Wachmann die fünfundzwanzig Schläge auf das nackte Gesäß. Vărzaru hielt sich gut. Er biß mit aller Kraft die Zähne zusammen und schrie nicht. Er hatte sich nicht nur diese Tortur eingehandelt, sondern auch seine erneute Verhaftung nach dem 23. August 1944 [19].

Gleichzeitig mit Major Vărzaru war ein Hauptmann verhaftet worden, an dessen Namen ich mich nicht mehr erinnern kann. Er war zu vielen Jahren Gefängnis verurteilt worden. Realistisch wie er war, richtete er eine Teppichwerkstatt ein und hatte sogar Arbeiter unter sich. Er kümmerte sich nur um seine Angelegenheiten, hatte aber zu allen Häftlingen und zur Verwaltung gute Beziehungen. Im Gegensatz zu Vărzaru wurde er nach dem 23. August 1944 befreit.

Ich hatte bereits ein halbes Jahr Haft hinter mir. Diese Zeit hatte mir eine ungeheuerliche Erfahrung gebracht. Als ich noch frei war, lebte ich ein sorgloses und sehr glückliches Leben; ich war naiv und sah voller Hoffnung in die Zukunft.

Nun war ich auf barbarische Weise in ein Leben gestoßen worden, in dem Hunger, Kälte und Angst vor der Zukunft herrschten; ohne entsprechende Ernährung hatte ich schwerste Arbeiten zu verrichten. Aber wen sollte das stören? Hier war ich ein nichtswürdiges Individuum, das widerspruchslos zu gehorchen hatte. Von Natur aus bin ich ein disziplinierter Mensch, etwas schüchtern und eher schweigsam, begegne aber meinen Mitmenschen offen und respektvoll. Nun hatte ich gelernt, daß der Mensch zwei Ohren und nur einen Mund hat: Mehr hören und weniger reden – das wurde für mich zu einem ehernen Gesetz. Ich glaubte von Herzen an eine höhere Gewalt, die die Welt lenkt. Aber selbstverständlich hielt ich diesen Glauben geheim, denn hier im Gefängnis standen solche Gedanken nicht hoch in Kurs.

Mit der Ausweitung des Krieges gegen die Sowjetunion verschärfte sich die Lage im Gefängnis. Allerlei Gerüchte kursierten, eines schlimmer als das andere. Wir befürchteten harte Maßnahmen gegenüber den politischen Gefangenen. Je erfolgreicher das deutsche Heer mit seinen Verbündeten war, um so schlechter wurde unsere Situation. Die Aktionen der Partisanen unter Tito in Jugoslawien, die täglich zu erheblichen Verlusten unter den Deutschen führten, ließen Stimmen gegen die Antifaschisten laut werden; denn die Deutschen griffen zu Repressalien bis hin zu Massenhinrichtungen und gingen seit 1942 dabei immer brutaler und bestialischer vor.

Das hatte auch Auswirkungen auf uns, waren doch auch wir eine Gruppe von Nazigegnern. Wir standen mit dem Rücken zur Wand und fühlten uns wie in einer Mausefalle gefangen, zum Tode verurteilt. Für das Kollektiv wuchsen die Probleme, denn obwohl die Verwaltung sich uns gegenüber neutral verhielt, konnten jederzeit Veränderungen eintreten, die für uns hätten gefährlich werden können. Der Staatssicherheitsdienst nämlich war trotz des Untersuchungsergebnisses im Fall von Major Vărzaru überzeugt, daß sich in Caransebeş die antifaschistische und kommunistische Elite befinden mußte. Wir Politischen waren ihm also ein Dorn im Auge. Es war anzunehmen, daß er ständig nach Möglichkeiten suchte, uns endlich verschwinden zu lassen.

Um eventuellen Maßnahmen der Regierung gegen Politische vorzubeugen, ordnete die Kollektivleitung die Auflösung des Kollektivs an. Mich überraschte die Mitteilung, daß von nun an jeder auf eigene Faust durchkommen müßte und die Lebensmittel nicht mehr geteilt würden. Obwohl sich noch eine Menge davon im Besitz des Kollektivs befand, erhielt ich nichts und mußte bis zum Erhalt eines Paketes von zu Hause warten.

Ab 1942 schikanierte uns die Verwaltung zusätzlich. Kam ein Paket an, wurde es erst einmal zwei Wochen lang zurückgehalten, bevor man den Empfänger informierte. Dadurch wurden die leicht verderblichen Sachen ungenießbar. Dann ließen es die Wachen noch einmal einige Tage liegen, bis sie sich herabließen, den Empfänger kommen zu lassen. Er mußte das Paket sofort öffnen, damit es auf verbotene Dinge wie Zeitungen und Briefe hin untersucht werden konnte. Waren Lebensmittel schlecht geworden, wurden sie weggeworfen, oft mit dem gesamten Inhalt, so daß dem Gefangenen häufig nichts oder nur ein kleiner Teil blieb. Viele Zivilhäftlinge fielen dann aus Hunger über die verdorbenen Sachen her.

Obwohl sich das Kollektiv aufgelöst hatte, vermutete ich, daß einige ausgewählte Leute aus dem noch vorhandenen Vorrat Lebensmittel erhielten. Ich persönlich litt großen Hunger, denn sowohl der *Chaluk* wie der ‚zweite Gang' wurden nicht mehr ausgeteilt. Meine Mahlzeiten bestanden lediglich aus der sogenannten Suppe und dem Brocken *Mămăligă*.

Sehr stark litt ich unter dem Mangel an Zigaretten. Raucher werden verstehen, was es heißt, unter den harten Bedingungen des Gefängnisdaseins nicht einmal rauchen zu können. Zu Zeiten des Kollektivs bestand meine Zigarettenration aus vier Stück, Marke *Plugari*. Ich teilte sie in drei Teile und rauchte sie mit einer selbstgefertigten Spitze bis auf den letzten Krümel auf. Nach der Auflösung des Kollektivs fiel auch die Zigarettenration fort.

Eines Tages nahm ich allen Mut zusammen und wandte mich an Freund Nicolaie mit der Bitte, mir zehn Zigaretten zu leihen, bis ich ein Paket von zu Hause bekommen hätte: „Lieber Freund, auch du bist Raucher und weißt, was es bedeutet, keine Zigaretten zu haben. Ich bitte dich im Namen der Freundschaft oder aus Menschlichkeit, leihe mir ein paar Zigaretten! Ich werde sie dir zurückgeben, sobald ich das Paket bekommen habe. Ich bitte dich als Mensch!"

Dragu Nicolaie wurde ungehalten, sagte wörtlich: „Wir Kommunisten sind nicht humanitär!" und wandte mir verächtlich den Rücken zu.

Auf mich wirkten diese Worte wie ein Schlag ins Gesicht. Ich konnte Dragus Verhalten mir gegenüber einfach nicht fassen. Es mag sein, daß andere das Gespräch mit angehört hatten, was erklären kann, daß man mich plötzlich schnitt. Freunde wichen mir aus, ich wurde regelrecht boykottiert. Mir ist es unerklärlich, weshalb sich die Haltung des ehemals eisern zusammenhaltenden Kollektivs so radikal gegen mich wandte. Die Anordnung dazu kam wohl ‚von oben', aber warum? Ich war mir absolut keiner Schuld bewußt, verhielt mich wie eh und je, diszipliniert, bescheiden, arbeitsam.

Es hatte immer Häftlinge gegeben, die ihre Lebensmittel nicht dem Kollektiv übergeben hatten, weil sie überzeugt waren, die Leitung würde bevorzugt bedient. Nun war ich durchaus der Meinung, daß Leute in führender Position mit viel Verantwortung und jahrelangem Gefängnisdasein durchaus größere Portionen erhalten sollten, sie hatten sie sich durch ihr Engagement verdient. Doch meine Einstellung nützte mir gar nichts, alle verhielten sich mir gegenüber feindselig.

Eines Abends unterhielt ich mich mit einem Freunde auf Jiddisch. Unser Gespräch dauerte etwa eine halbe Stunde. Jiddisch ist meine Muttersprache, und es tat mir gut, sie nach langer Zeit wieder einmal sprechen zu können.

Am anderen Tage lud mich Fedea zu einem Spaziergang in den Hof ein. Er sagte, es sei ihm unangenehm und es täte ihm leid, aber er möchte mich bitten, nicht mehr jiddisch zu reden. Darob sehr verwundert, entgegnete ich, daß man in unserer Zelle außer rumänisch auch russisch, ungarisch, deutsch, ja sogar chinesisch spräche. Warum könne ich nicht gelegentlich einmal meine Sprache sprechen, die mir sehr lieb sei? Rudenco dachte einen Augenblick nach, und ich konnte ihm ansehen, wie schwer es ihm fiel, sein Anliegen zu formulieren. Er schaute zu Boden, als wollte er seine Schritte beobachten, und wagte nicht, mich anzusehen. Dabei wußte er sehr wohl, wie gern ich ihn hatte. Schließlich sagte er: „Leider gibt es Menschen, die eine eigenartige Einstellung den Juden gegenüber haben. Es ist uns noch nicht gelungen, diese Leute von ihrem Vorurteil zu befreien, in Juden und ihrer Sprache etwas Unangenehmes sehen zu müssen. Für deren Ohren ist Jiddisch eine Beleidigung."

Er holte tief Atem. So also war das! Ich erkannte, daß meine Vorstellung, der Kommunismus vertreibe automatisch den Antisemitismus, falsch war. Es war durchaus möglich, sowohl Kommunist als auch Antisemit zu sein. Meine Hoffnung auf eine Welt ohne Rassismus hatte sich zerschlagen.

Von nun an sprach ich kein Wort Jiddisch mehr.

Gegen Ende April 1942 teilte mir Rudenco mit, ich solle mich auf eine baldige Verlegung ins Gefängnis Văcăreşti am Rande von Bukarest vorbereiten. Unter meinen Habseligkeiten befand sich eine fast neue Steppdecke aus Wolle mit einem dunklen Seidenbezug. Ich erwog, sie gegen eine Wolldecke einzutauschen, die leichter zu transportieren war. Als ich Rudenco bat, mir beim Tauschen behilflich zu sein, lehnte er ab, ohne einen Grund anzugeben. Daraufhin wandte ich mich an viele andere Mithäftlinge, die aber alle den Tausch ablehnten, obwohl meine Steppdecke soviel wert war wie fünf Wolldecken. Ich begriff endlich. Der Boykott gegen mich, ja, auch die Verlegung nach Văcăreşti, war ‚von oben', also von der Kollektivleitung, arrangiert. So wandte ich mich zum ersten Male während meines Aufenthaltes in Caransebeş an die ‚Gelben'. Ich fand jemanden, der mir meine Decke gegen eine alte und beschädigte Wolldecke eintauschte. Von diesem Augenblick an war ich noch stärker den Beleidigungen und der Mißachtung durch meine linken ‚Freunde' ausgesetzt.

Es kam der Tag, an dem ich mich bereitmachen mußte. Meine Füße wurden in schwere Ketten gelegt, und für vier Tage erhielt ich eine Lebensmittelration von vierhundert Gramm Brot und achtzig Gramm Wurst. Es versteht sich von selbst, daß ich alles in wenigen Minuten verzehrt hatte, denn ich war hungrig wie ein Wolf. Die anderen Häftlinge, die mit mir verlegt werden sollten, taten es mir gleich. Das Gefängnisauto brachte uns zum Bahnhof, wo wir auf den Zug warten mußten, an den ein Waggon für Gefangene angehängt sein sollte. Der Zug kam, aber ohne den Waggon. Also zurück ins Gefängnis, wo man uns die Ketten wieder abnahm, aber die nächsten drei Tage keine Lebensmittel aushändigte. Um den Hunger weniger spürbar werden zu lassen, trank ich Unmengen Wasser. Niemand der ‚Freunde' erkundigte sich nach mir oder bot mir gar etwas zu essen an.

Eine Woche später, am 4. Mai 1942, wurde ich abermals in Ketten gelegt und erhielt wiederum die Lebensmittelration für vier Tage. Wie zuvor verschlang ich sie sofort. Als ich den Gefängniswagen bestieg, kam Dragu angerannt und teilte mir mit, ein Paket sei für mich angekommen. Er bat mich um den Coupon, um es an meiner Statt in Empfang nehmen zu können. Ohne zu zögern lehnte ich ab.

„Aber das Paket wird nach Iaşi zurückgeschickt, und es hat dann niemand etwas davon!"

„Zum Teufel mit dem Paket! Was geht ihr mich noch an? Soll das Paket zu Staub zerfallen!"

So zahlte ich ihm seine Niederträchtigkeit heim.

7. DAS GEFÄNGNIS VĂCĂREŞTI

Im Waggon nach Bukarest befand sich auch ein Zwanzigjähriger, der wegen des Hungers und der harten Arbeit an Tuberkulose erkrankt war. Er erlitt einen schweren Blutsturz und starb nach einigen Tagen. Ich hatte das Glück, gesund in Văcăreşti anzukommen, wenn auch völlig abgemagert.

Das Gefängnis Văcăreşti lag in Bukarest am Ende der gleichnamigen Straße und war das größte in Rumänien während der vierziger Jahre. Viele, meist mehrstöckige Trakte bildeten einen kleebattförmigen Grundriß. Die Mitte des Komplexes beherrschte eine typisch rumänische Kirche mit ihrem hohen Turm. Jeden Sonntag rief die Glocke Diebe, Kriminelle, Deserteure, Ausgestoßene und weiß Gott wen noch zum Gottesdienst. Es gab unter uns Gefangenen Adventisten, die den Kriegsdienst verweigerten, weil ihnen ihre Religion das Tragen tödlicher Waffen verbot, Sabbatisten, die den Sonnabend und nicht den Sonntag zu ihrem heiligen Ruhetag erkoren hatten, und andere mehr.

Es ging zu wie beim Turmbau zu Babel, denn aus starken Lautsprechern ertönten Parolen wie „Lik lik lik – ich habe gefangen einen Bolschewik“ oder „Aus Stalins Haut machen wir Stiefel in Berlin, aus Molotows Haut machen wir ...“ usw., Nachrichten, zwischendurch patriotische Lieder und gerade gängige Schlager. Es herrschte ein unbeschreiblicher Lärm.

Ich wurde einer Zelle mit politischen Häftlingen zugeteilt, deren Sprecher Birtas war – von Beruf Schreiner, im Äußeren aristokratisch, von freundlicher und kultivierter Wesensart. Zu uns gehörte auch Bernard Andrei, ich erwähnte ihn schon in Caransebeş, genannt Bondy, und Teohari Georgescu, der später, nach dem Zerfall der demokratischen Regierung am 27. Februar 1945, rumänischer Innenminister wurde. Ein anderer Mithäftling war Avram Goldenberg. Man nannte ihn Vaida, weil er ein Attentat auf den Innenminister Vaida verübt hatte, nachdem dieser in den zwanziger Jahren den Befehl gegeben hatte, auf streikende Bergarbeiter zu schießen. Avram Goldenberg hatte sich einen Revolver besorgt und wollte den Tod der Arbeiter rächen. Die Menge hätte ihn beinahe gelyncht. Durch die Schläge hatte er Schäden an Lunge, Nieren und Leber erlitten. Bei einer medizinischen Untersuchung wunderten sich die Ärzte, wie dieser Mensch mit faustgroßen Löchern in der Lunge leben konnte. Er war widerstandsfähig und ehrgeizig wie kaum ein anderer. Nach seiner Befreiung schrieb er ein Buch über den Warschauer Ghettoaufstand ‚Das Mädchen mit dem roten Schal'. Es wurde ein großer Erfolg. Er starb im Alter von über siebzig Jahren.

Von Hause aus war Goldenberg Verkäufer bei einem Schneiderausstatter gewesen. Doch hatte er sich während seiner dreizehnjährigen Haftzeit umfassend weitergebildet, so daß er im Lager beispielsweise einen zweistündigen Vortrag über ‚Die Entwicklung der Kommunikationsmittel von der Steinzeit bis zur modernen Zivilisation' halten konnte, und zwar auf Hochschulniveau. Körperlich klein und eher schwächlich, half er doch jedermann, wenn er es vermochte; und er besaß Humor.

In Văcăreşti war das Essen reichhaltiger als im Gefängnis Caransebeş, aber die Sauberkeit der Küche ließ zu wünschen übrig. Oft fand sich in der Suppe Ungeziefer, das wir herausfischten, doch aßen wir aus Hunger weiter.

Ich schrieb nach Hause, und schon nach zwei Wochen erhielt ich ein Paket. Meinen Zellengenossen bot ich davon an, aber alle lehnten ab. Sie hatten offensichtlich vom Boykott gegen mich in Caransebeş gehört. Mich bedrückte das sehr, doch verhielt ich mich ihnen allen gegenüber weiterhin höflich und korrekt.

Als erstem konnte ich mich Teohari Georgescu anvertrauen. Ich erzählte ihm alles, was sich ereignet hatte, und dachte, ihm eine Vorstellung von Dragu Nicolaies Affront gegen mich vermittelt zu haben. Was er davon hielt, konnte ich nicht erkennen, denn er kritisierte und verteidigte niemanden, doch kam er schließlich zu dem Schluß, Dragu sei in einem geistig reichlich wirren Zustand gewesen. Das Verhältnis zu meinen Mithäftlingen aber blieb kühl.

Im Grunde profitierte ich von dieser Situation. Da niemand etwas von den mir geschickten Lebensmitteln annahm, konnte ich sie allein essen, so daß sich meine Körperverfassung während der vier Monate in Văcăreşti besserte. Ich nahm zu, war ich doch zum Skelett abgemagert angekommen. Langsam kam ich zu Kräften, und damit regten sich auch meine Lebensgeister wieder. Ich fühlte mich den kommenden schweren Wochen und Monaten gewachsen.

Im Sommer 1942 wurden drei junge Juden eingeliefert, achtzehn, einundzwanzig und vierundzwanzig Jahre alt, die wegen zionistischer Aktivitäten zum Tode verurteilt worden waren. Man sah ihren Gesichtern das Grauen vor dem Sterben an. Sie hatten König Michael I. um Gnade gebeten und warteten nun verzweifelt auf seine Hilfe. In der Nähe Bukarests hatten sie auf einem Hofe gearbeitet und waren Mitglieder des *Haschomer Hazair*. Politisch hatten sie sich nie betätigt, doch wußte man, daß sie linksorientiert waren. Vergeblich hatten sie klarzumachen versucht, daß sich ihr Sozialismus nur auf das Land Israel beziehen würde und sie keine Politik machten. Sie wollten lediglich Landwirtschaft lernen, um sie später im Kibbuz zu betreiben.

Einen halben Monat später wurde ein Häftling mit fünfundzwanzig Stockschlägen bestraft. Dazu hatten sich alle Gefängnisinsassen im Viereck um den Gefangenen aufzustellen. Hierbei hatte ich Gelegenheit, die drei zum Tode Verurteilten wiederzusehen. Auch sie mußten dem grausamen Schauspiel beiwohnen. Ich erschrak über ihre Gesichter. Sie waren um Jahre gealtert, wirkten apathisch und zuckten bei jedem Geräusch oder Ruf zusammen. Im Herbst, nach meinem Abtransport, wurden sie hingerichtet.

Die Schneiderwerkstatt, in die man mich in Văcăreşti gesteckt hatte, sah aus wie eine Fabrik. Hier arbeiteten etwa fünfzig Menschen. Einer davon war ein jüdischer Kaufmann namens Zaharia aus der Calea Givitei, der festgenommen und schuldlos zu fünf Jahren Gefängnis verurteilt worden war. Sie hatten ihn in die Schneiderei abgeordert, weil er zu keiner anderen körperlichen Arbeit fähig war. Ich versuchte, ihm einige Fertigkeiten beizubringen, damit man seine Unkenntnis nicht merkte.

Im März 1944 wurde er in Rybniţa von SS-Leuten erschossen.

Dann gab es ein kleines, schwächliches Männlein namens Möller, von Beruf Schneider. Er war so einfältig, daß es geradezu grotesk anmutete, ihn kommunistischer Aktivitäten zu beschuldigen.

Auch er wurde 1944 in Rybniţa von SS-Leuten erschossen.

Wie wohl in allen Gefängnissen, in denen Politische einsaßen, gab es auch in Văcăreşti das Kollektiv der Kommunisten und Sozialisten. Wegen der Gefährlichkeit verlegte man Absprachen für Maßnahmen aus den Zellen hinaus nach draußen. Alle politische Aktivität geschah während des Ausgangs im Gefängnishof von Mann zu Mann. Niemand sollte gefährdet werden. Trotzdem schwebten wir ständig in der Gefahr einer Entdeckung. Spitzel gab es wahrlich genug. Kommunisten galten als die schlimmsten

Feinde des Staates, gegen die Antonescu selbst die Kirche zu einem heiligen Kriege zu gewinnen hoffte.

Im Gefängnis Văcăreşti mußten wir zweimal täglich beten, nach dem Wecken und vor dem Zapfenstreich. Eines Tages kam, völlig unerwartet, der Oberaufseher in Begleitung von zwei Wachleuten zu uns und befahl dem Zellensprecher Birtas, das Vaterunser aufzusagen. Dieser erschrak, und es verschlug ihm zunächst die Sprache, kam ein solches Ansinnen doch zu unerwartet. Aber er, der schon durch die Hölle gegangen war, faßte sich schnell und fand eine Lösung. Als wir anderen wie versteinert dastanden, sagte er: „*Să trăiţi*, Herr Aufseher! Sie wissen, daß wir nicht religiös sind und nicht beten. Wir respektieren die Religion und die, die ihr angehören; aber wir sind Atheisten und können uns nicht einer Sache hingeben, an die wir nicht glauben."

Verärgert fragte der Oberaufseher Birtas, ob er Christ sei. Dieser bejahte und sagte, die meisten hier seien Christen, aber trotzdem Atheisten. Mit solcher komplizierten Logik vermochte der Oberaufseher wohl nichts anzufangen, denn er wunderte sich, daß Christen um eine so einfache Sache wie das Vaterunser ein derartiges Aufheben machten.

„Was ist denn so schwer, niederzuknieen und ein Vaterunser zu sprechen? Ich werde Ihre Weigerung dem General und dem Direktor melden."

Die Kollektivleitung entschied, in diesem Punkte nicht nachzugeben, da die Forderung an die Grundlagen der Marxschen Lehre rührte, in der Religion als Opium für das Volk abgelehnt wurde. Wir wurden der Sorge um zu erwartende Repressalien glücklicherweise enthoben, weil dem Oberaufseher das Problem wohl zu kompliziert gewesen ist, um es der Beschwerdeinstanz plausibel machen zu können. Er meldete den Vorfall gar nicht erst weiter.

Meine Verlegung nach Văcăreşti war für mich eine glückliche Fügung, so merkwürdig das klingen mag. Hätte ich in Caransebeş bleiben müssen, wäre ich mit Sicherheit schwer erkrankt und den kommenden Strapazen nicht gewachsen gewesen. Durch den ständigen Hunger war ich völlig abgemagert, hatte nur noch alle vierzehn Tage Stuhlgang. Damals lebte ich vorwiegend von heißem Wasser und kleinen Stücken *Mămăligă*. Hier nun, in Văcăreşti, kam ich wieder auf mein normales Körpergewicht von dreiundsiebzig Kilogramm, was mir das Leben retten sollte. Außer dem besseren Gefängnisessen erhielt ich von zu Hause Lebensmittel wie Honig,

Halva und Zucker. Heute sehe ich in meiner Verlegung nach Văcăreşti ein Wunder, für das ich GOTT, dem ALLMÄCHTIGEN, danke.

Am 7. September 1942 befand ich mich während der Mittagspause im Hof. Ich hatte mich an einer Wand hingehockt und erwartete die Schelle, die wieder zur Arbeit rief. Meine Gedanken waren zu Hause, ich hatte Heimweh. Zwei Jahre schon waren seit meiner Festnahme vergangen. Zwanzig Jahre alt war ich inzwischen, und die zwei Jahre Haft erschienen mir wie zwei Jahrhunderte. Furchtbare Mißhandlungen, Hunger, Kälte und Angst hatte ich erdulden müssen.

Der Lautsprecher rief mich in die Wirklichkeit zurück: „Achtung, Achtung! Alle, die aufgerufen werden, haben sich sofort mit ihrem gesamten Gepäck am Haupttor einzufinden!"

Als die Namen aufgerufen wurden, merkte ich, daß es nur um Juden ging. Mir blieb fast das Herz stehen, als ich meinen Namen hörte. War jetzt auch ich an der Reihe, erschossen zu werden, wie schon so viele vor mir? Ich spürte, wie mir das Blut aus dem Kopfe wich, kalter Schweiß brach am ganzen Körper aus. Wie betäubt erhob ich mich und wankte meiner Zelle zu, um meine Habseligkeiten zusammenzuraffen. Beim Abschied von meinen christlichen Kameraden traten manchem die Tränen in die Augen. Wir wünschten uns „Auf Wiedersehen in Freiheit"(wer glaubte noch daran?), und ich begab mich zum Tor.

Nach kurzer Zeit hatten wir sechzehn Häftlinge uns in Zweierreihen aufgestellt, und der Oberaufseher erschien mit den beiden Wachen. Zunächst durchsuchte man uns wieder, dann traten wir zum Appell an. Mit gedämpfter Stimme las der Oberaufseher vor: „Die genannten Häftlinge werden nach Transnistrien [20] an einen noch unbekannten Ort transportiert."

Für die Nacht mußten wir uns in eine unbelegte Zelle des Gefängnisses begeben. Niemand schloß ein Auge, weil uns die Gedanken an unsere Zukunft quälten. Zusätzlich marterten uns die Wanzen, von denen die Zelle nur so wimmelte. Am nächsten Morgen sahen wir die Blutflecken in unseren Hemden, die von den getöteten Plagegeistern herrührten.

Nach dem Wecken am 8. September 1942 wurden wir mit dem Gefängniswagen zur Polizeipräfektur von Bukarest gebracht und nach einem mehrstündigen Verhör mit schwerer Bewachung zum Bahnhof gefahren. Dort wartete bereits ein Zug mit Viehwaggons. Von überallher hatte man Juden gebracht, die nun den Zug besteigen mußten.

8. DIE DEPORTATION NACH TRANSNISTRIEN

Die jüdische Gemeinde von Bukarest hatte uns zwei Eimer gegeben, einen mit Trinkwasser und einen für die Notdurft. Ich erhielt eine Sturmlampe und einige Lebensmittel. In unserem Waggon waren sechzig Männer und Frauen sowie einige Kinder in bedrückender Enge eingepfercht. Die Familien dieser Menschen blickten mit angsterfüllten Gesichtern auf ihre Angehörigen, die in dem stinkenden Viehwaggon auf ihren Abtransport warteten. Man wußte, daß der Transport nach Transnistrien gehen sollte, über das alle möglichen Gerüchte kursierten. Die meisten davon malten Schreckensbilder, denn es war bekannt geworden, wie grausam die deutsche SS in der Ukraine gerade unter den Juden gewütet hatte und noch immer ihr blutiges Handwerk betrieb. Wir hatten Angst, schreckliche Angst; doch instinktiv wehrten wir uns, an das Gehörte zu glauben, denn nur die Hoffnung, trotz allem das Inferno lebend zu überstehen, ließ uns nicht in Verzweiflung vergehen.

Erst nach einigen Stunden wurden die Türen verschlossen, und der Zug setzte sich in Bewegung. Zwischen den Waggons und auf den Dächern hatten sich Soldaten postiert, das Gewehr im Anschlag. Während der acht Tage dauernden Fahrt herrschte Angst und Verzweiflung unter den Menschen; viele weinten und beklagten ihr Schicksal, andere versuchten, Mut einzuflößen und zu trösten. Zu der seelischen Qual gesellte sich langsam der Hunger, denn wir erhielten während der Reise keine Lebensmittel, mußten also von den mitgebrachten Vorräten zehren. Wer aber nichts hatte mitnehmen können, war auf das angewiesen, was ihm die jüdische Gemeinde in Bukarest hatte zustecken können oder was ihm barmherzige Leidensgefährten abgaben. Während einiger Fahrtunterbrechungen teilte man uns wenigstens Wasser zu. So wurde zumindest der Durst in erträglichen Grenzen gehalten.

Wen wundert es, daß bei den schlimmen hygienischen Verhältnissen Krankheiten ausbrachen? Übelkeit, Magenbeschwerden, Kopfschmerzen und Fieber, dazu Durchfall, der in den armen Betroffenen die peinlichsten Gefühle hervorrufen mußte, war doch eine körperliche Reinigung absolut unmöglich. Und weil im Waggon keine Sitzvorrichtungen installiert worden waren, konnten wir nur eng beieinander auf dem schmutzigen Bretterboden sitzen oder liegen, was für diejenigen, die ihren Platz neben einem an Durchfall erkrankten Häftling hatten, unerträglichen Ekel hervorrief.

Wir erreichten Ploieşti, wo noch weitere Viehwaggons angehängt wurden, voll mit Juden aus Tîrgu Jiu und Caransebeş. Auch hier dauerte es einige Zeit, bis der Zug sich wieder in Bewegung setzte. Er fuhr sehr langsam, hielt nur selten an, niemals in Bahnhöfen, sondern immer auf freiem Felde, damit einer nach dem anderen seine Notdurft verrichten konnte. Die Soldaten, die uns dabei mit ihren Maschinengewehren im Anschlag bewachten, ergötzten sich an dem für uns so peinlichen Schauspiel. Vor allem die Frauen mußten diese widerliche Situation als tiefste Schmach empfinden.

In Galata wurde ein Häftling auf einer Bahre in unseren Waggon geschoben. Es war Dr. Blum, den man direkt nach einer Operation am Blinddarm aus dem Krankenhaus hierhergeschafft hatte. Eigentlich war der Eingriff gar nicht nötig gewesen. Er hatte ihn in der Hoffnung machen lassen, dadurch vor der Deportation bewahrt zu werden. Vergeblich. Staatsfeindlicher Umtriebe angeklagt, entging er seinem Schicksal nicht. Sofort danach setzte sich der Zug erneut auf seinem Weg ins Ungewisse in Bewegung.

Nach einigen Tagen Fahrt kamen wir nachts zur Brücke über den Dnjestr. Wir überquerten sie nur sehr langsam. Aus Angst vor sowjetischen Flugzeugen, die sie schon mehrere Male erfolglos bombardiert hatten, herrschte in der Gegend völlige Dunkelheit, und die Bewacher erschienen uns wie apokalyptische Schatten. Kaum waren wir auf der anderen Seite, hielt der Zug. Fliegerangriff! Die Soldaten sprangen ab und legten sich mit auf uns gerichteten Maschinengewehren auf die Erde. Selbstverständlich war uns Häftlingen das Verlassen der Waggons verboten. Obwohl um uns herum die Bomben explodierten, kamen wir wie durch ein Wunder unversehrt davon.

Erst am Morgen fuhr der Zug bis in den Rangierbahnhof von Tiraspol weiter. Hier durften wir die Waggons verlassen. Trotz unserer schrecklichen Situation überkam mich in der frischen Luft ein Glücksgefühl. Ich atmete in tiefen Zügen ein, bewegte meine Gliedmaßen und schloß die Augen, um wenigstens für einen Augenblick alles um mich her zu vergessen.

Ich erfuhr, daß sich in unserem Transport einige hundert Juden befanden, die einen Ausreiseantrag nach Bessarabien gestellt hatten, was ihnen zum Verhängnis werden sollte. Auf dem riesigen Bahnhofsgelände und um den Zug herum suchte ich nach bekannten Gesichtern und fand eine Dame, die die Apotheke in der Costache-Negri-Straße in Iaşi geführt hatte. Ich kannte sie gut, war ich doch lange Jahre Kunde der Apotheke gewesen. Auch sie erkannte mich, doch bat sie mich weiterzugehen, denn ich trüge das Kainsmal des Kommunisten. Sie als Bessarabierin habe lediglich die Ausreise dorthin beantragt und hoffe, dadurch sei ihre Lage leichter. Ich verstand ihre Sorge, wünschte ihr Glück und zog mich zurück. Sie hatte sich geirrt, und der Irrtum brachte ihr den Tod.

Schußbereites Militär hatte den langen Zug umstellt. Den etwa tausendsiebenhundert Häftlingen des Transportes verkündete ein Offizier, daß sämtliche Wertsachen wie Geld, Gold, Ringe, Ohrringe, Uhren usw. abzugeben seien. Wer versuchen sollte, etwas zu verbergen, würde auf der Stelle erschossen.

Für unser rumänisches Geld erhielten wir deutsche Geldscheine, die speziell für Transnistrien gedruckt worden waren. Der Wechselkurs dieses Besatzungsgeldes war für uns außerordentlich ungünstig. Für Gold erhielt man eine wertlose Quittung. Mit dieser Maßnahme sollten wir jeglicher materieller Mittel beraubt werden, damit man uns später um so leichter auch moralisch und physisch vernichten konnte. Ich selbst hatte nichts zu deklarieren; alles, was ich besaß, war meine Jugend.

Am zweiten Tage begann man mit einer Selektion. Alle, die ihre Ausreise nach Bessarabien beantragt hatten, schickte man nach Beresowka, wo sie von einem SS-Sonderkommando an bereits ausgehobenen Massengräbern niedergemetzelt wurden.

Uns jedoch brachte man in das Lager Wapniarka.

9. *DAS TODESLAGER WAPNIARKA*

Am 16. September 1942 kamen wir in Wapniarka an. Es ist eine kleine Stadt zwischen Dnjestr und Bug, etwa in der Mitte der Eisenbahnlinie Lwow-Odessa gelegen. Als alle den Zug verlassen hatten, mußten wir uns in Achterreihen aufstellen und wurden der rumänischen Gendarmerie übergeben. Eine riesige Menschenschlange, deren Ende ich nicht mehr sehen konnte, schleppte sich nun zum einige Kilometer vom Bahnhof entfernten Lager. Während des Marsches dorthin starrten uns ukrainische Bauern an, und Frauen warfen Brot in die Menge. Doch solche Mitleidsbekundungen unterbanden die uns bewachenden Gendarmen sehr schnell durch Kolbenschläge, wie sie überhaupt jeden, der aus Schwäche nicht Schritt halten konnte, anbrüllten und mit ihren Gewehrkolben traktierten. Ohnmächtig gewordene Häftlinge mußten von anderen getragen werden, Schwache hatten wir zu stützen.

So vergingen einige Stunden, bis wir das Lager erreicht hatten, denn alle waren durch Hunger, Durst und die Qualen der schrecklichen Fahrt in den primitiven Viehwaggons zu Tode erschöpft. Auch ich schleppte mich müde und wie jeder unseres Trecks vor Dreck strotzend nur mühsam weiter.

Vor dem Lagertor übergab man uns wieder dem Militär. Dort saß ein Feldwebel an einem Tisch und notierte Namen, Alter und letzten Aufenthaltsort jedes einzelnen Gefangenen. Als ich an die Reihe kam, nannte ich meinen Namen, mein Alter, aber als letzten Aufenthaltsort nicht Văcăreşti, sondern das Lager Tîrgu Jiu. Warum ich das tat, weiß ich nicht; es war eine Eingebung. Nathan Schwartz, der mir wie ein Schatten folgte, nannte ebenfalls Tîrgu Jiu.

Ich sah mich um. Drei mächtige, zweistöckige Backsteingebäude, ein großer Hof, alles umgeben von einem hohen Stacheldrahtzaun mit nur einem einzigen Tor, neben dem, in einem hölzernen Unterstand, ein Wachposten jeden, der vorbei kam, streng kontrollierte. Den Zaun entlang ragten die Wachtürme auf, von denen Posten mit ihren Maschinengewehren das Lager kontrollierten. Den drei Backsteingebäuden gegenüber stand ein kleineres, teilweise zerstörtes Haus, die einstige Küche mit Lagerräumen.

Am Ende des Hofes befand sich die Latrine, eine lange Grube mit vierzig Zentimeter breiten Brettern darüber. So wie sie kamen, mußten die Häftlinge hier ihre Notdurft verrichten. Nur eine Schilfwand verbarg die eklige Örtlichkeit.

Früher hatte sich hier eine sowjetische Kavallerieschule befunden. Die Soldaten hatten vor ihrem Rückzug alles völlig zerstört, und so fanden wir ein unbeschreibliches Chaos vor. Zwar war das Lager vor unserer Ankunft schon mit Häftlingen belegt gewesen, doch von denen waren fast alle gestorben oder von einem Einsatzkommando der SS erschossen worden. Bekanntlich hatte die SS in der Ukraine ihr blutiges Handwerk am schlimmsten betrieben. Das Chaos im Lager war geblieben.

Nach der Registrierung am Tor mußten wir uns zum Durchzählen in einer Reihe aufstellen. Als erstes war Paul Dascalu zum Sprecher bestimmt worden. Er kam herbeigerannt und machte dem Kommandanten, Oberst Ilie Murgescu, Meldung. Danach begannen ein Unteroffizier und ein paar Soldaten, die Gefangenen durchzuzählen. Weil die Zahl der Häftlinge mit der Liste nicht übereinstimmte, wurde die Prozedur mehrere Male wiederholt, was einige Stunden in Anspruch nahm und unsere letzten Kräfte aufzehrte. Doch schließlich hatte auch diese Tortur ein Ende.

Als ‚Ansprache' hämmerte uns Murgescu die Lagerordnung ein, voll von Drohungen, beispielsweise, daß ein Fluchtversuch mit dem Tode durch Erschießen bestraft würde. Er schloß mit den Worten: „Auf zwei Beinen seid ihr in das Lager hereingekommen, aber wenn ihr noch am Leben seid, werdet ihr auf allen Vieren hinauskriechen!"

Zunächst verstanden wir diesen zynischen Satz nicht, doch sollten wir am eigenen Leibe erfahren, welche Teufelei dahintersteckte.

Als es bereits dunkelte, ging der Appell schließlich zu Ende, und man wies uns in die Blocks ein. Unser Transport setzte sich aus neunzig politischen Gefangenen, vierhundertfünfzig Internierten des Lagers Tîrgu Jiu und fünfhundertsiebzig Deportierten, die man aus ihren Wohnungen in Rumänien direkt hierher geschickt hatte, zusammen. Insgesamt waren wir eintausendeinhundertzehn Juden, darunter etwa hundert Frauen mit einigen Kindern. Vom Tor aus gesehen im ersten Block wurden im oberen Stockwerk die Frauen mit ihren Kindern untergebracht, das untere Stockwerk enthielt die Krankenstation. In den zweiten Block steckte man uns Männer. Der dritte war bei unserer Ankunft bereits mit dreihundert Ukrainern belegt, von denen ein Teil Partisanen, andere Adventisten und der Rest Zivilgefangene waren.

Außer einem riesigen Saal befanden sich auf jeder Etage noch einige Kammern. Links und rechts eines jeden Blocks führte je eine Eingangstür ins Innere. Außer diesen Türen, den Dächern und den Treppen war alles zerstört worden. Es gab weder Fensterscheiben, noch Innentüren, und die Sanitäranlagen waren aus den Wänden herausgerissen worden. Überall herrschte ein unbeschreiblicher Dreck. Neben den Treppenaufgängen standen einige Kübel für die Notdurft nach dem Zapfenstreich. Es sah aus wie nach einem Höllensturm.

Auch mangelte es an jeglichem Mobiliar. Weder Betten noch Schränke, weder Tische noch Stühle waren vorhanden, nur in zwei gegenüberliegenden Ecken stand je ein Kachelofen; doch konnten wir wegen des fehlenden Brennmaterials nicht heizen. Obwohl uns Hunger und Durst plagten, legten wir uns aus Erschöpfung einfach auf den Bretterboden und fielen sofort in einen tiefen Schlaf. Am nächsten Morgen weckte uns der Lärm eines Klopfbrettes: „Raustreten zum Appell!"

Wieder begann die Steherei. Paul Dascalu rannte zum Wachoffizier, schlug die Hacken zusammen und meldete: *„Să trăiţi*, Herr Offizier! Elfhundertzehn Deportierte aus Block eins und zwei erwarten Ihre Befehle."

Die übliche, oft Stunden dauernde Prozedur eines Appells begann. Abzählen, Verlesen von Verordnungen, Einteilen der Arbeitsgruppen und manches andere.

Es wurden Gruppen mit verschiedenen Aufgaben gebildet. Eine Reinigungsmannschaft hatte die Gebäude zu säubern, eine Mannschaft unter Joschka Scherman versuchte, die Wasserleitung zu reparieren; denn anfänglich mußte das kostbare Naß aus zwei Kilometer Entfernung mit einem Karren geholt werden und war auf Anweisung des Kommandanten nur eine Stunde am Tag zugänglich. Eine dritte Gruppe hatte die Schäden in der Küche zu beheben und eine vierte, bestehend aus Frauen und Männern, übernahm das Kochen.

Uns jüdischen Häftlingen wurde aufgetragen, eine Gefangenenvertretung zu wählen. Sie nannte sich ‚Jüdischer Gemeinderat' und hatte die Verbindung mit der Lagerleitung aufrechtzuerhalten. Ihr gehörten Vinea Emanuel, Paul Dascalu, der Rechtsanwalt Nachtigal, der Kassierer Itzhak Rones und, als Lagerrabbiner, Benjamin Vilner an.

Um die ‚internen Probleme' lösen zu können, bildete sich insgeheim ein kleiner Kreis aus Häftlingen mit langer Gefängniserfahrung. Es wundert nicht, daß an die Spitze Lazar Grinberg und Bernard Andrei (Bondy) gewählt wurden, die im Gefängnis dem Zentralkomitee der antifaschistischen Front angehört hatten. Sie waren ‚alte Hasen' mit langjähriger Hafterfahrung und kannten daher Schliche, für Gefangene notwendige Dinge zu ‚organisieren'. Sie verstanden es, überlebensnotwendige Verhaltensmaßnahmen durchzusetzen, nämlich:

1. Freiwillige Disziplin und Einigkeit aller Häftlinge;
2. Vernichtung der Läuse, um Fleckfieber zu vermeiden;
3. Kampf gegen den Hunger;
4. die Häftlinge so zu organisieren, daß jeder Provokation seitens der Lagerleitung standgehalten werden konnte;
5. Sympathie bei der Kommandantur zu gewinnen;
6. möglichst viele Informationen von der Kommandantur zu erhalten;
7. Verbindungen nach draußen und nach Rumänien zu knüpfen;
8. Vorbereitungen für Extremsituationen zu treffen.

Der Jüdische Gemeinderat konnte es erreichen, daß die Kommandantur ihm die Verantwortung für die inneren Angelegenheiten des Lagers übertrug. Dazu gehörte die Reinigung, die äußere Ordnung, die Küche, die Verteilung des Essens und die Abkommandierung der Arbeitskräfte für die Arbeiten außerhalb des Lagers. Kein Posten sollte innerhalb des Zaunes patroullieren. So kam es, daß die Soldaten nur um das Lager am Zaun entlang und auf den Wachtürmen ihren Dienst taten.

Um die Disziplin und die Ordnung im Lager zu gewährleisten, wurde eine interne Verwaltung geschaffen, die folgendermaßen aussah:

Je zehn Mann bildeten eine Gruppe mit einem Gruppenältesten, einem Wirtschafter, der für das Essen zuständig war, und einem Beauftragten für Sauberkeit und Hygiene. Je zehn solcher Gruppen bildeten eine Abteilung, wiederum von einem Ältesten geleitet. In jeder Etage eines Blocks gab es einen Sprecher, wie beispielsweise Simion Burghici für das Erdgeschoß von Block II (später Außenminister der Volksrepublik Rumänien) und Kalica für die erste Etage (später Regierungsmitglied). Schließlich wurden noch Blocksprecher gewählt.

Bondy sprach mich an, weshalb ich bei der Aufnahme unserer Personalien statt Văcăreşti das Lager Tîrgu Jiu genannt hätte. Man könne meine

Angaben doch überprüfen, was möglicherweise eine Bestrafung nach sich zöge. Jedenfalls könne ich nicht bei den ehemaligen Gefängnisinsassen im Parterre wohnen, sondern müsse in das Obergeschoß zu Kalica, wo die Häftlinge aus dem Lager Tîrgu Jiu untergebracht seien. Ich zog also um.

Block II war mit tausend Häftlingen belegt, viel zu viele für das Fassungsvermögen des Gebäudes. Dicht gedrängt lagen wir nachts auf dem nackten Boden, was in der kalten Jahreszeit jedoch den Vorteil hatte, daß wir uns gegenseitig wärmten. Die Frauen hatten mehr Platz. Sie bewohnten in Block I das Obergeschoß zusammen mit ihren Kindern. Ihre Männer hatten bei uns im zweiten Block zu wohnen.

Zweimal täglich erhielten wir eine dicke gelbe Erbsensuppe, etwa vierhundert Gramm, und ein zweihundert Gramm wiegendes Stück Brot, das aus Spreu und etwas Weizen bestand. Es schmeckte bitter und lag schwer im Magen. Wir teilten es nach folgender Methode auf: Jede Gruppe erhielt ein zwei Kilogramm schweres Brot, welches in zehn Scheiben geschnitten wurde. Mit einer selbstgefertigten Waage aus Bindfaden und Karton sowie einem zweihundert Gramm schweren Stein wurde jede Scheibe gewogen und von einem Mitglied der Gruppe verteilt. Die Brosamen erhielt reihum jeden Tag ein anderer. Das war eine karge Kost; der Hunger war unser ständiger Begleiter.

Die Erbsen stammten aus einem Magazin der Russen, die sie zur Fütterung der Pferde verwendet hatten. Vermischt waren sie mit Hafer und anderen pflanzlichen Bestandteilen wie zum Beispiel Spreu; nur hatten die abziehenden Soldaten alles mit Petroleum übergossen, um es ungenießbar zu machen. Trotzdem ließ der Kommandant die Erbsen in der Küche verarbeiten. Für uns Juden waren sie gut genug.

Das Lager glich einer Baustelle. Den ganzen Tag arbeiteten Hunderte von Menschen wie die Bienen. Ob Intellektueller oder Handwerker, ob Verwaltungsmann oder Arbeiter, jeder hatte seinen Platz bei der Verbesserung unseres Ambiente gefunden. Abends um sechs Uhr war Zapfenstreich, und diese Anordnung wurde streng überwacht. Licht war in den Blocks verboten. Sobald jemand bei Dunkelheit ein Streichholz anzündete, lief er Gefahr, beschossen zu werden. Die Posten spotteten über die uns aufgezwungene Lage und machten sich über uns lustig.

Einer rief: „Meine Juden schlafen gut."

„Meine schlafen aber besser," antwortete ein anderer.

Durch die zerschlagenen Fenster konnten wir die Unterhaltung der Soldaten verstehen, mit der sie sich ihre Zeit vertrieben.

Nachts war es bereits recht kühl, und die Kälte zog ungehindert durch die leeren Fensterhöhlen in die Räume. So fanden wir uns in der Dunkelheit zusammen, um uns gegenseitig ein wenig zu wärmen, und organisierten ein Kulturprogramm.

Wir versammelten uns dazu im Erdgeschoß bei Burghici, wo sich jeder mit Erzählungen und Liedern hervortun konnte. Ion Vaida (nicht zu verwechseln mit Avram Goldenberg, den man Vaida nannte), ein junger Mann aus Siebenbürgen, hatte seine Violine mitbringen können, und erstmals in meinem Leben hörte ich Menuette, Serenaden, Lieder und Tänze großer Komponisten wie Mozart, Schubert und anderer. Manche pfiffen Lieder oder taten sich im Imitieren von Tierstimmen hervor, jeder konnte zur Verbesserung der Stimmung nach seinem Vermögen beitragen. Wir vergaßen bei solchen Zusammenkünften tatsächlich eine Zeitlang unseren Hunger, den Mangel an Wasser zum Trinken und zum Waschen, die schwere Arbeit, das Heimweh und die Sehnsucht nach denen, die uns lieb waren.

Der Durst war ein neuer, mir unbekannter Feind. Bisher hatte ich meinen leeren Magen immer mit Wasser füllen können, jetzt aber kam zum Hunger noch der Durst hinzu. Das im Karren herbeigeschaffte Wasser reichte bei weitem nicht für die vielen Menschen aus. Viele Wochen konnten wir uns nicht waschen, starrten vor Dreck und stanken fürchterlich. Wunderbarerweise half der Himmel mit früh einsetzendem Schnee. Wir schmolzen ihn, um ihn zu trinken, kochten und wuschen mit ihm.

Den in der Küche zubereiteten Erbsenbrei hatte der Wirtschafter in einem Fünf-Liter-Eimer zu holen. Zwar schmeckte das Zeug nach Petroleum, doch da es nichts anderes gab, schluckten wir es, Grimassen schneidend, hinunter. Der Hunger trieb es hinein.

Eine der wichtigsten Aufgaben war die Aufnahme neu Angekommener in unsere Gemeinschaft. Unter ihnen verursachten die, welche direkt aus der Freiheit hierher deportiert worden waren, die größten Probleme. Sie waren noch nie eingeschlossen gewesen und kannten das Zusammenleben mit so vielen völlig fremden Menschen unter den so scheußlichen Bedingungen überhaupt nicht. Die einfachen Menschen taten sich am schwersten, während Intellektuelle und politische Gefangene in der Regel besser mit ihrem Los fertig wurden. Als die von ihnen mitgebrachten Lebensmittel ausgingen, verschlimmerte sich ihre Lage zusehends.

Aus Siebenbürgen traf eine Gruppe ein mit Kisten voller Lebensmittel und Medikamente. Die Neuankömmlinge besaßen Geld und sogar dem Klima angepaßte Kleidung! Sofort kam Neid auf zwischen den neuen und den ausgezehrten und frierenden alten Häftlingen. Das konnte zu schweren Zusammenstößen führen; denn wenn es ums Überleben geht, kann der Mensch sehr schnell zum Tier werden und alle Menschlichkeit völlig vergessen.

Der Kreis mit Bondy und Lazar an der Spitze erkannte sofort die Gefahr und begann mit einer intensiven Aufklärungsarbeit, galt es doch, auf jeden Fall ein Blutvergießen zu vermeiden. Darauf wartete die Lagerleitung nur, weil sie dann unser Unvermögen zur eigenen Verwaltung als Vorwand hätte benutzen können, selbst alles wieder in die Hand zu nehmen. Und das hätte unsere physische Vernichtung beschleunigt.

Vorrangig war es, die ‚Reichen' dazu zu bringen, den Mittellosen etwas von ihren Sachen abzugeben. Dazu mußte unbedingt der Kontakt zu den Neuen geschaffen werden, um gegenseitiges Verständnis zu wecken. Für diese Aufgabe wurden einige Dutzend Männer und Frauen ausgewählt, die Gefängniserfahrung besaßen und durch Entbehrungen abgehärtet worden waren.

Zwei tragische Todesfälle kamen unserem Anliegen zu Hilfe. Der zwanzigjährige Ingenieur Mirenberg starb an einer Geschwulst in der Nase, weil er keine Sulfonamide bekam, obwohl sich im Gepäck der Neuen Hunderte derartiger Tabletten befanden. Ein anderer junger Mensch mußte aus dem gleichen Grunde wegen einer Entzündung am Fuß sterben. Nun stieg Burghici auf eine Kiste und hielt eine flammende Rede, die tatsächlich die Herzen aller anrührte. Eine ungeahnte Welle der Hifsbereitschaft war die Folge, alle solidarisierten sich und öffneten ihre Taschen. Lebensmittel und Medikamente übergaben sie der Gemeinschaft, Tränen in den Augen, weil sie ihresgleichen helfen konnten. Diesen Abend habe ich bis heute nicht vergessen.

In den Wintermonaten wurden die Türen bereits um fünf Uhr geschlossen. Auf engstem Raume zusammengepfercht, gab es natürlich häufig Streit, die Menschen waren überreizt und fluchten oft in den ordinärsten Ausdrücken. Vom Gefängnis her war ich das nicht gewohnt, dort hatte man sich um eine gewähltere Redeweise bemüht, weil man einander respektierte. Oder man hätte sich bemüht, denen zu helfen, die mit ihrer Lage nicht zurechtkamen.

So war in Iaşi ein Schneider festgenommen und ins Lager deportiert worden, weil er einem Freunde, dessen Frau bald niederkommen sollte, auf dem Marktplatz mit dem hebräischen *Masal Tow* Glück wünschte. Ein gerade vorübergehender Legionär hörte das und verstand „Molotow“ , den Namen des sowjetischen Außenministers, weshalb der Schneider wegen kommunistischer Propaganda verhaftet und zu Lagerhaft verurteilt wurde. Das brachte ihn in einen Zustand der Verzweiflung, in dem er alles kritisierte, mit seinen Mitmenschen dauernd Streit suchte und in den vulgärsten Ausdrücken herumschimpfte. Als er wieder einmal einen Streit entfachte, ging ich in der Absicht zu ihm, ihn zu beruhigen:

„Freund, entschuldige bitte...“ Weiter kam ich nicht.

„Du? Mein Freund? Waren wir zusammen bei den Mädchen? Seit wann bist du mein Freund?“

Doch blieb ich ruhig, lächelte und gab zu verstehen, daß wir alle hier Brüder seien. Anfänglich ließ er gar nicht mit sich reden, aber meine Geduld und die von mir angeführten Beispiele von Mitmenschlichkeit unter uns im Lager ließen ihn mehr und mehr aufhorchen. Schließlich fiel die rauhe Schale von ihm ab. Er änderte sich völlig, und wir wurden sogar gute Freunde, wobei es eine Rolle gespielt haben mochte, daß wir beide aus Iaşi stammten. Ich könnte Hunderte solcher Beispiele nennen, wo unser Bemühen, die Mithäftlinge in unsere Gemeinschaft zu integrieren, von Erfolg gekrönt wurde. Die Menschen verstanden, daß unsere einzige Waffe gegen die Lagerleitung, die uns moralisch und physisch zerstören wollte, der eiserne Zusammenhalt war.

Nachts schliefen wir auf dem nackten Bretterboden. Viele hatten nicht einmal eine Decke, in die sie sich hätten hüllen können, von einem Kopfkissen ganz zu schweigen. Ich selbst besaß ein winziges Kissen und die alte Decke, die ich in Văcăreşti gegen die Steppdecke eingetauscht hatte. Eine Ecke fehlte zwar, aber es war eine Decke. Um uns warm zu halten, schliefen wir wie die Tiere, einer an den anderen geschmiegt, unsere ausgezogenen Kleider über uns gebreitet.

Sobald das Weckbrett ertönte, gab der Sanitärbeauftragte den Befehl zur Läusejagd. Jeder hatte seine Kleider und seine Bettutensilien genauestens zu durchsuchen. Fand jemand bei sich Läuse, hatte er sie sofort zu töten und seinen Körper völlig mit Petroleum einzureiben. Ausnahmen gab es nicht, denn die Läuse waren die Ursache für das Fleckfieber, das schon Tausende und Abertausende in den Ghettos und Lagern dahingerafft hatte. Der Sanitärbeauftragte notierte die Zahl der Befallenen und meldete sie dem Gruppensprecher, dieser dem Abteilungssprecher und der dem Etagensprecher. Täglich erschien an einer Tafel der Befallenenstand, selbstverständlich ohne die Namen der Betroffenen zu nennen.

Es war ein unerbittlicher Kampf. Gerade wegen der fehlenden Hygiene – wann konnten wir uns schon einmal richtig waschen? – war das lebenswichtig. Durch die mangelhafte Ernährung waren unsere Körper anfällig für alle Arten von Krankheiten, die Kälte zehrte zusätzlich an den Kräften, und Fleckfieber hätten nur wenige überstanden. Die tägliche Entlausung und das Einreiben mit Petroleum boten zwar nur ein Minimum an Körperhygiene, doch sollte unsere konsequente Mühe belohnt werden: Nach ein paar Monaten waren wir läusefrei! Es war ein großer Tag, als an der Tafel an einem Pfahl vor Block II schwarz auf weiß zu lesen war: „NULL Personen mit Läusen". Wenigstens diesen Feind hatten wir besiegen können.

Mit zu den schwierigsten Aufgaben zählte es, den Mithäftlingen die Überzeugung zu vermitteln, daß nur in einer fest zusammenhaltenden Gemeinschaft ein Überleben möglich war. Gerade die Gefangenen mit langer Hafterfahrung bemühten sich sehr darum, hatten sie doch bereits durch eine harte Schule gehen müssen. Sie wußten, wer hierher nach Transnistrien deportiert worden war, war nicht zur Erholung hergekommen, sondern zu seiner Vernichtung. Denn Hitlers Todesmaschinerie lief auch hier. Viele waren schon gestorben an Entkräftung und Hunger, an seelischer Qual, an Krankheit und an – Gift!

Deshalb auch nannten wir unser Lager ein Todeslager, denn wir wußten, daß niemand Wapniarka lebend verlassen sollte. Hierher kamen Juden aus Ghettos wie Mogilew und Berschad. Eine neu eingelieferte Gruppe hatte beim Abschied alle Wertsachen bei den Angehörigen gelassen, weil sie um ihr Schicksal in Wapniarka wußte. Gerade deshalb bemühte sich die Leitung der Jüdischen Gemeinde, die verängstigten, undisziplinierten, hungrigen und verwilderten Menschen zu erziehen. Was man in normalen Zeiten nicht für möglich hält, geschieht in der Verzweiflung, die aus dem

Hunger und dem Durst, aus der Ohnmacht und der ständigen Todesangst erwächst: Stolz und Würde fallen ab – nur wegen einer Zigarette oder einer Kartoffel.

So war ein Mann mit akademischem Grad beim Stehlen einer (!) Pflaume ertappt worden. Eigentlich nicht der Rede wert, wurde ein solcher ‚Frevel' in unserer Situation zu einer ernsten Angelegenheit. Man beraumte eine öffentliche Versammlung an, auf der er, zutiefst erniedrigt, den Diebstahl mit seinem großen Hunger, dem er nicht hatte widerstehen können, rechtfertigte. Der Fall konnte beigelegt werden, was unter anderem dem Geschick der Schlichtungsgruppe zu danken war. Ihr gehörten Männer an, die unter dem berüchtigten Direktor Balaurs (1936-1939) im Gefängnis Doftana inhaftiert gewesen waren. Dort, in der Sektion H, mußten sie unter den grausamsten Bedingungen leben: fensterlose Zellen, keine Betten, also auf dem nackten Boden schlafen, ständig mit Wasser befeuchtet. Das führte zu Tuberkulose und Rheumatismus und machte sie zu menschlichen Wracks. Trotzdem standen sie hier im Lager ihren Mann und setzten sich für das Überleben aller ein.

Durch Kälte und schwere Arbeit waren wir ständig von Hunger gequält. Wenn möglich, forderten wir einen Nachschlag, und wenn etwas Brei übrig geblieben war, bekamen wir noch eine zweite Portion. Teller gab es nicht, jeder hatte sich selber etwas beschaffen müssen, was als solcher dienen konnte.

Nach etwa sechs Wochen Lageraufenthalt zeigten sich merkwürdige Phänomene. Aus den Blocks eilten Menschen, die sich mit einer Hand zuhielten, um auf dem Wege zur Latrine den Urin nicht zu verlieren. Nur wenige hatten damit Erfolg, die meisten machten sich in die Hosen. Bei der Kälte, ohne die Möglichkeit, die Kleidung zu wechseln und zu waschen, liefen die Ärmsten naß wie die Säuglinge herum. Wir führten das auf das ungesunde Leben zurück, zu dem wir hier alle gezwungen waren, und beachteten es nicht weiter.

Das *Chanukka*-Fest [21] nahte. Wir beschlossen, es mit einer gemeinsamen Mahlzeit zu feiern. Das Außenkommando hatte – obwohl streng verboten – Zuckerrüben auf dem Bahnhof ergattern können, wo es Waggons mit Material für die Front zu beladen hatte. Nun gab es diese geröstete Köstlichkeit mit einem Stückchen Brot als Festessen. Es war unglaublich: Die hungernden, frierenden und eingesperrten Menschen fühlten sich wie

Heilige im Himmel. Sie hatten Talglampen gefertigt, die die Kerzen ersetzten, sangen *Chanukka*-Lieder, hielten Reden und lasen uns aus Scholem Alejchem, Jitzchak Lejb Perez und Büchern anderer Schriftsteller vor. Viele glaubten, der Prophet Elijahu selbst sei zu unserer Feier gekommen. Es war ein Wunder; wir fühlten uns alle wie Brüder. Lange konnte ich nicht einschlafen, so sehr hatte mich die Atmosphäre voller Gottvertrauen und Hoffnung, voller menschlicher Wärme bewegt. Ich betete um einen guten Ausgang unserer schweren Prüfung.

Leider gab es im Lager auch Menschen, die schnöder persönlicher Vorteile wegen versuchten, die Gemeindeleitung zu sabotieren und gegen sie zu arbeiten. Unterstützt wurden sie dabei durch Hauptmann Buradescu, der im engen Einvernehmen mit dem Lagerkommandanten Major Murgescu handelte. Man sagte ihm nach, Agent der deutschen Gestapo zu sein, obwohl er die rumänische Uniform trug. Der Anführer jener Gruppe war Murgescus Fahrer, Bubi Finchelstein, ein Jude wie wir. Ihnen waren von der Lagerleitung Vergünstigungen versprochen worden, wenn es gelänge, den Judenrat zu stürzen und sich selbst an dessen Stelle zu setzen. Sie denunzierten und kompromittierten bestimmte Männer unserer Gemeinde, um so Unfrieden und Mißtrauen zu säen. Es gelang ihnen sogar, einige labile und wohl recht einfältige Häftlinge auf ihre Seite zu bringen. Wir allerdings wußten, daß wir Murgescu gnadenlos ausgeliefert wären, falls sie das Zepter in die Hand bekämen. So setzten wir uns entschieden zur Wehr, was nicht immer leicht war. Schließlich ohrfeigte Bondy einen dieser Querulanten, der mehr naiv als bösartig zu sein schien, und das Drama nahm ein schnelles Ende. Die Anführer wurden entlarvt und damit unschädlich gemacht.

Die eigenartige Harnwegerkrankung nahm zu. Immer mehr Menschen konnten das Wasser nicht mehr halten. Unverhofft meldete sich Avram Solomovici in der Krankenstation: Seine Beine waren gelähmt. Er war robust und sportlich gewesen, ein Fußballer von *Makkabi Iaşi*, und jetzt abgemagert und schwach. Niemand konnte sich seine Erkrankung erklären.

Anfang November 1942 hatte eine Kantine für die Lagerinsassen eröffnen können. Der Chef, Mihalovici, bot mir an, bei der nötigen Versorgung mitzuarbeiten. Ich solle zusammen mit einigen anderen vom ukrainischen Markt Kartoffelsäcke und Eimer mit Milch ins Lager tragen, was zwar sehr anstrengend sei, aber auch mit entsprechend guter Nahrung belohnt werde. Der Weg betrüge zwei Kilometer, näher dürften die Bauern nicht an das Lager heran.

Am nächsten Morgen weckte mich Mihalovici um vier Uhr. Ich zog mich eiligst an und ging zum Tor. Außer ihm und mir gehörten unserer Trägerkolonne noch ein Mann aus Iaşi, Rabinovici, und Kaner Itzic an. Kaner war, da er die ukrainische Sprache beherrschte, unser Anführer. Nach der routinemäßigen Durchsuchung ging es mit zwei Wachposten los. Wir marschierten sehr schnell, denn bis zum Mittag mußte alles herbeigeschafft sein.

Zwei- bis dreimal wöchentlich wurde der Markt abgehalten. Dort angekommen, erhielt ich ein halbes Brot, etwa hundertfünfzig Gramm Speck und einen Liter Milch, den ich, da ich kein Gefäß besaß, gleich aus dem Eimer trank. Der etwa sechzig Kilogramm schwere Kartoffelsack wurde mir auf den Rücken geladen, und zurück ging es ins Lager. Da ich, wie immer, sehr hungrig war, spornte mich das erhaltene Essen derart an, daß ich fast rannte. Bis zum Mittag legten wir den Weg fünfmal zurück, und wieder erhielten wir eine große Portion als Belohnung. Trotz der wirklich erheblichen Anstrengung, die diese Arbeit bedeutete, war ich glücklich, nun endlich nicht mehr hungern zu müssen.

Nach und nach besserte sich das äußere Leben im Lager. Sogar den Bau von Betten hatte unser Judenrat durchsetzen können. Wir sammelten Bretter und alte, rostige Nägel für den Bettenbautrupp, den Meir Stoleru aus Dorohoi leitete. Er war ein fröhlicher, immer gut gelaunter Mann, beneidenswert robust und gesund.

Im Obergeschoß von Block II hatte Kalica eine Synagoge improvisiert. Zweimal täglich beteten hier Männer, die sich von zu Hause *Siddurim*, *Machsorim*, *Tefillin* und *Tallitot*[22] hatten mitnehmen können. Unsere Gottesdienste hielt Rabbi Vilner, ein großer, schlanker Mann mit dünnem Bart, dem Güte und auch Mutterwitz aus den Augen sprachen. Er gehörte, wie schon erwähnt, dem Judenrat an und half dort emsig mit Rat und Tat.

Ich arbeitete weiterhin für die Kantine und war recht zufrieden. Allerdings geschahen nach etwa fünf Wochen Lagerleben merkwürdige Dinge mit mir. Beim Wasserlassen plagten mich äußerst schmerzhafte Muskelkrämpfe, vor allem in der nächtlichen Kühle wegen des dünnen Bettzeuges. Ich mußte häufiger als sonst die improvisierte Toilette aufsuchen und konnte nur unter Schmerzen die Blase entleeren. Um den Darm zu entleeren, gingen wir möglichst auf die Außenlatrine. Es war schon ein akrobatisches Kunststück, sich auf der Bohle über der Grube zu placieren.

Bei den meisten von uns verursachten die Erbsen, die wir immer noch als Hauptnahrung erhielten, schwere Verdauungsstörungen. Wir litten unter fürchterlichen Blähungen. Nachts hörte das Gerenne auf die Kübel nicht auf. Zur Leerung dieser Gefäße mußte jeder heran, vom Vorsitzenden der Gemeinde bis zum letzten Mann.

Nach Avram Solomovici wurde Eli Stein mit Beinlähmungen in die Krankenstation gebracht.

An mir geschahen weiter eigenartige Veränderungen. Zusätzlich zu den Schwierigkeiten beim Wasserlassen stellte sich eine gewisse Schwäche beim Gehen ein. Mir war, als sei der Boden, auf dem ich mich bewegte, mit Löchern übersät. Ich mußte mich konzentrieren, um nicht zu stürzen. Anfang Dezember 1942 traten plötzlich Sehstörungen auf.

Es war gegen Ende Dezember, als wir uns wieder einmal auf dem Wege zum Markt befanden. Die Luft war bitterkalt, der Schnee knirschte unter den Füßen. Schon beim Hinweg konnte ich mit meinen Kameraden nicht recht Schritt halten. Ich nahm meinen ersten Sack entgegen und wollte so schnell wie möglich ins Lager zurück. Als ich ankam, war ich, trotz der eisigen Kälte und unzureichenden Bekleidung, schweißüberströmt.

Bei den nun folgenden Wegen fühlte ich, wie eine ungekannte Mattigkeit meinen Körper befiel. Ich nahm meinen ganzen Willen zusammen, um weitermarschieren zu können, denn diesen nahrhaften Arbeitsplatz wollte ich um keinen Preis verlieren. Es half nichts, ich mußte den Sack absetzen, meine Kräfte hatten mich verlassen. Düstere Gedanken kreisten in meinem Kopfe: Wer im Lager krank wird, hat kaum eine Chance zum Überleben. Kalter Schweiß bedeckte meinen ganzen Körper, ich war völlig durchnäßt, und der eisige Wind drang mir bis in die Knochen. Ich wußte auch, daß man verloren war, wenn der Überlebenswille schwand. Um Demütigungen, Angst, Hunger und Kälte widerstehen zu können, brauchte ich ihn unbedingt. Ich erhob mich und lud mir mit letzter Kraft den Sack auf den Rücken. Mit übermenschlicher Anstrengung kam ich ein Stück Wegs weiter; doch plötzlich übermannte mich ein schreckliches Zittern, und ich hatte meinen Körper nicht mehr unter Kontrolle. Meine

Knie gaben nach, ich fiel mitsamt dem Sack in den Schnee und verlor das Bewußtsein.

Ich kam wieder zu mir, als zwei meiner Kameraden mir auf die Beine und zurück in die Krankenstation des Lagers halfen.

Dr. Artur Keßler war der Chef der Gruppe inhaftierter Ärzte. Er half mir aus den Kleidern, was mir sehr peinlich war, hatte ich mich doch seit Wochen nicht baden können. Nur mit Schnee konnten wir uns notdürftig waschen. Er untersuchte mich eingehend und fragte nach dem genauen Verlauf meiner Krankheit. Ich erzählte alles vom erschwerten Wasserlassen bis zum Zusammenbruch unter der Last des Kartoffelsackes. Auf meine Frage, woran ich denn leide und wie es wohl weitergehe, schaute er mich mit trauriger Miene an. Er sagte aber, um mich nicht zu entmutigen, es würde alles gut werden. Das stimmte nicht! Ich hatte das Gefühl, er verheimlichte mir etwas sehr Ernstes, etwas, was mein Leben bedrohte. Trotz meiner gerade zwanzig Jahre fühlte ich mich schwach und um Jahre gealtert. Dr. Keßler wies mich in die Krankenstation ein.

Dort lagen etwa zwanzig Häftlinge mit unterschiedlichen Krankheiten wie Krebs, Tuberkulose, Geschwüren usw. Nur Avram Solomovici und Eli Stein hatten es mit den Beinen. Ich war der dritte mit dieser mysteriösen Krankheit. Bei vielen, wußte ich, zeigten sich schon seit längerer Zeit Anfangssymptome, doch so schlimm hatte es nur uns drei gepackt. Der Verlauf umfaßte Blaseninkontinenz mit schmerzhaftem Wasserlassen, Wadenkrämpfe, Gehschwierigkeiten und schließlich Lähmung der Beine. Nur unter großer Anstrengung konnten wir mit Stöcken gehen.

Niemand von uns ahnte, daß wir die Krankheit unser ganzes Leben behalten sollten.

Nach ein paar Tagen häuften sich die Krankmeldungen. Täglich wurden mehr Häftlinge eingeliefert. Die meisten von ihnen waren junge Männer; doch konnten auch Ältere nicht sicher sein, nicht das nächste Opfer zu werden. Die Menschen waren verzweifelt, und die Ärzte hielten immer neue Besprechungen ab, um die Ursache der merkwürdigen Epidemie zu finden. Zunächst glaubte man, der Grund könne der Vitaminmangel sein, weil die ersten Kranken bereits eine mehr oder minder lange Gefängnis- oder Lagerhaft hinter sich hatten. Wer direkt aus der Freiheit hierher ins Lager gekommen war, schien immun gegen die Krankheit zu sein. Da erinnerte sich Dr. Keßler an einen Artikel in einer medizinischen Fachzeitschrift. Vor mehr als hundert Jahren waren in Indien über hunderttausend Menschen gestorben, nachdem sie während einer großen Hungersnot wild wachsende Erbsen gegessen hatten, die an Waldrändern wucherten. Bestand eine Verbindung zwischen den indischen und den uns im Lager verabreichten Erbsen? War es dieselbe Frucht, *Lathyrus sativus* genannt? Diese enthält ein Gift, das genau die Symptome im Körper hervorruft, wie wir sie an uns beobachten konnten. Plötzlich erinnerten wir uns an die Worte Murgescus: „... aber auf allen Vieren werdet ihr hinauskriechen!"

Später erfuhren wir, daß vor uns hier im Lager achthundert Juden aus Bessarabien daran gestorben waren! Sie waren nicht organisiert und der Willkür des Kommandanten völlig ausgeliefert gewesen. Nur einige wenige hatten die Vergiftung überlebt, aber als Invaliden.

Dr. Keßler riet uns, die Pritsche nicht zu verlassen, um unsere Kräfte zu schonen und Leben und Gesundheit nicht weiter zu gefährden. Das hätte wohl genutzt, wenn die Kälte nicht gewesen wäre. Bei uns im Krankensaal stieg das Thermometer nie über null Grad! An den durch das Gift schlecht durchbluteten Beinen gab es Erfrierungen. Einigen Jugendlichen wurden die Zehen gangränös und fielen unter furchtbaren Schmerzen einfach ab, etliche Häftlinge starben daran.

Obwohl sich weibliche wie männliche Häftlinge um uns bemühten, war die Situation im Krankensaal entsetzlich. Wir lagen auf vom Baukommando gezimmerten Liegen aus ungehobelten Brettern, deren Späne sich in unser Fleisch bohrten.

Im Nebenbett lag ein fünfunddreißigjähriger Mann, der im letzten Stadium an Magenkrebs litt. Sobald er etwas aß, erbrach er sich und litt unter unerträglichen Schmerzen. Ganze Nächte jammerte und stöhnte er in seiner Qual; man spürte den nahenden Tod. Nach ein paar Tagen lebten nur noch seine Augen, die unablässig hin und her wanderten; er befand sich im Koma. Als Häftling des Lagers Tîrgu Jiu hatte er in einem Steinbruch arbeiten müssen. Ein schon vorhandenes Magengeschwür entwickelte sich zu einer Krebsgeschwulst, weil er weder die nötige Behandlung erfuhr, noch Ruhe und Nahrung hatte. Hier nun konnte er nur noch sterben. Das Leben eines Juden galt damals soviel wie das eines lästigen Insekts. Ein Jude weniger, eine Portion miserablen Essens weniger.

Als sie ihn holten, entkleideten sie ihn völlig. Er sah aus wie ein in Pergamentpapier gehülltes Skelett. Dann nahmen sich zwei Häftlinge die Wäsche, schlüpften in seine Schuhe und zogen sich seine Kleider an, ohne sie gereinigt zu haben. Diese Szene verfolgte mich lange Zeit. Wie konnten sie die Kleider eines Toten anziehen, der soeben gestorben war, ohne zu warten oder die Kleidung zu waschen?

Unter normalen Umständen wäre das ganz sicher nicht passiert; doch unter den Lagerbedingungen geschahen Dinge, die ein Mensch, der selbst nie in eine derartige Situation geraten ist, nicht zu verstehen vermag. Vernunft, Menschlichkeit, Anstand, Pietät, gab es das überhaupt noch? Was geht in einem Menschen vor, der über Jahre in der Gefangenschaft seiner Würde beraubt, gedemütigt, gepeinigt wird, der immer hungrig und in Lebensangst dahinvegetiert; wenn Gefühlen, Mitleid und dem Wunsch nach Gerechtigkeit nur mit Hohn und Spott begegnet wird? Ich habe Häftlinge erlebt, die als kultivierte, gebildete Menschen in die Haft eingeliefert worden waren und die dann innerhalb kurzer Zeit zu Tieren, ja, zu Bestien herabgesunken sind. Wer will sie verurteilen?

Es ist grausam, miterleben zu müssen, wie Menschen zu Tode gequält werden, jedesmal! Warum geschah das? Nur, weil sie Juden waren. Ein junger Mann, sympathisch und gescheit, der Lieder über das Tal des Jiu komponiert hatte, starb an Tuberkulose, weil er andauernd im kalten Wasser des Jiu hatte arbeiten müssen. Und hier lieferte man jetzt schon täglich neue Patienten in die Krankenstation ein. Über Nacht waren sie in Wapniarka zu Krüppeln geworden. Die meisten nahmen es leicht, weil sie hofften, bald gesund zu werden und wieder richtig gehen zu können.

Nachdem die Mediziner zu dem Schluß gekommen waren, die Ursache der massenhaften Lähmungen sei die Erbsennahrung, meldete sich Mitte Januar 1943 eine Abordnung der jüdischen Gemeinde mit einigen Ärzten bei Oberst Murgescu, dem Kommandanten, und dessen Vertreter, Hauptmann Buradescu. Sie überreichten einen ausführlichen Bericht, der anhand konkreter Tatsachen belegte, daß die verabreichten Erbsen giftig waren und die Häftlinge auf diese Weise vernichtet werden sollten. Die beiden wiesen den Vorwurf selbstredend zurück, doch forderte die Delegation eine Untersuchungskommission aus Rumänien an, bestehend aus Fachkundigen der Medizin, die die über einhundertachtzig Erkrankten im Krankenrevier und die vielen anderen in den Blocks untersuchen sollten. Oberst Murgescu weigerte sich, den Bericht entgegenzunehmen und die Erbsenkost abzusetzen.

Dr. Keßler erklärte nun die Folgen einer Fortführung der Ernährung aus wissenschaftlicher Sicht und machte den Kommandanten auf die Verantwortung aufmerksam, die ihm aus seiner Weigerung erwüchse. Trotzdem behauptete der Oberst weiter die Unschädlichkeit der Erbsen [23], so daß die Delegation erfolglos abziehen mußte. Damit war offenbar, daß es ihnen darum ging, den teuflischen Plan zur Massenvernichtung der Häftlinge weiter durchzuführen.

Am nächsten Tag lud der Gemeindevorstand alle Häftlinge zu einer Versammlung im Erdgeschoß von Block II ein und unterrichtete sie über die bittere Wahrheit, daß bei der Fortsetzung der Ernährung mit den giftigen Erbsen alle eines qualvollen Todes sterben müßten. Daraufhin beschloß die Versammlung einen Hungerstreik bis zur Änderung der Ernährung. Das war natürlich ein gefährliches Unterfangen, da die Lagerleitung das als Meuterei auslegen konnte und damit das Recht hatte, mit harten Bestrafungsmaßnahmen gegen uns vorzugehen. Da wir aber andernfalls an den Erbsen zugrunde gehen würden, nahmen wir diesen Kampf um Leben und Tod auf.

Tags darauf ging niemand zur Arbeit. Murgescu und Buradescu wurden nervös, weil sie sich durchschaut sahen. Wapniarka als Lager für politische Gefangene unterstand unmittelbar dem Innenministerium in Bukarest und nicht, wie die anderen Lager und Ghettos vom Djnestr bis zum Bug, der Kommandantur der Gendarmerie von Transnistrien. So waren sie verwirrt, denn sie konnten keine weitreichenden Entscheidungen treffen, ohne die Zustimmung des Innenministeriums eingeholt zu haben. Sie drohten mit harten Maßnahmen, versetzten die hier stationierten Truppen in Alarmzustand und wollten über V-Leute unsere Einheit zerbrechen, indem diese die Häftlinge dazu bringen sollten, um die Fortsetzung der Erbsenernährung zu bitten. Tatsächlich fanden sich einige, die sich am Hungerstreik nicht beteiligten. Doch sie hatten keinen Erfolg.

Der Gemeindevorstand versuchte, sowohl durch das Internationale Rote Kreuz die öffentliche Meinung in Rumänien, dem übrigen Europa und Amerika zu mobilisieren, als auch in der Umgebung kämpfende Partisanen zur Unterstützung des Kampfes für unser Überleben zu gewinnen. Unsere Ärzte wurden nämlich auch außerhalb des Lagers angefordert und durften sich deshalb verhältnismäßig frei draußen bewegen. So konnten sie manche für uns nützliche Kontakte knüpfen.

In der Krankenstation wurde die Lage immer schlimmer. Die Betten reichten nicht mehr aus, so daß etliche Patienten auf dem Fußboden liegen mußten. Die Ärzte wurden mit den vielen Kranken nicht mehr fertig.

Mir ging es seelisch schlecht, denn ich glaubte nicht mehr an eine Heilung. Immer wieder ging mir die Vorstellung einer dauernden Lähmung durch den Kopf. Zu allem Überfluß befiel mich noch eine schmerzhafte Furunkulose im Gesicht und an der rechten Hand. Da ich mich nicht mehr rasieren konnte, sah ich nach kurzer Zeit völlig verwildert aus. Das war mir sehr unangenehm, und mein seelisches Gleichgewicht geriet dadurch noch mehr aus dem Lot.

In diesem Zustande fand mich Tilli Zinger, eine dreiundzwanzigjährige Nachbarin aus Iaşi, die sich von mir verabschieden wollte, weil sie entlassen werden sollte. Ich bat sie, zu Hause nichts über meinen Zustand verlauten zu lassen, denn ich wollte meinen Angehörigen unnötige Sorgen ersparen. Sie mußte von mir einen schlimmen Eindruck gewonnen haben, denn in Iaşi verbreitete sie das Gerücht, ich sei vielleicht schon gestorben. Glücklicherweise erfuhr meine Familie nichts davon.

Obwohl in der Mitte des Krankensaales ein gußeiserner Ofen stand, herrschte bittere Kälte, denn es fehlte uns an Heizmaterial. Meine Gliedmaßen waren eiskalt, und ich hatte Angst vor Erfrierungen. Gegen den Rat der Ärzte begann ich deshalb, Gymnastik zu treiben.

Um meine Lage besser einschätzen zu können, unterhielt ich mich mit dem Doktoranden Barasch. Ich bat ihn, mir meine Krankheit genau zu erklären. Da senkte er den Kopf und versuchte, das Thema zu wechseln, doch ließ ich nicht locker. Schließlich erklärte er mir, daß ich laut meiner Akte eine spastische Querschnittslähmung hätte. Sie beruhe auf der Zerstörung der motorischen Nerven. In unserem Falle wäre nur eine Hälfte des Körpers betroffen, von der Taille bis zu den Füßen. Die Nerven seien entweder schwer beschädigt oder, wie in einigen Fällen, völlig zerstört. Außerdem sei oft das Kleinhirn betroffen, was Seh- und Gleichgewichtsstörungen verursache. Auf meine Frage, ob Aussicht auf Heilung bestünde, druckste er herum und wollte nicht mit der Sprache heraus. Ich bestand aber auf einer Antwort, woraufhin er mir erklärte, daß im Gegensatz zu anderen Zellen sich die Nervenzellen nicht erneuern könnten, was bedeute, daß ich die Lähmungen mein ganzes Leben behielte. Ich dankte ihm, und er versuchte mich mit dem Hinweis zu trösten, daß man an einer

Methode arbeite, die zerstörten motorischen Nerven durch Geräte mit Elektroden zu ersetzen.

Um einmal die Unmenschlichkeit aufzuzeigen, mit der die deutsch-rumänische Administration Gefangene behandelte, möchte ich auf ein Erlebnis zurückgreifen, das ich im Dezember 1942 hatte. Mit einigen Kollegen brachte ich einen Zuber voller Erbsenbrei in ein etwa einen Kilometer entferntes Romalager (über die Giftigkeit der Nahrung war uns damals noch nichts bekannt). Die Roma hatten uns um Kleidung und Nahrungsmittel gebeten, als wir auf unserem täglichen Marsch zur Arbeit waren. Sie vegetierten in Behausungen aus irgendwelchen Hölzern und Lumpen in einem unbeschreiblichen Elend. Barfuß und halbnackt bei fast dreißig Grad unter Null! Mit vor Hunger aufgedunsenen Bäuchen kamen sie uns entgegen und stürzten sich wie ausgehungerte Wölfe auf den Erbsenbrei. Minuten später war alles verschlungen. Wir brachten ihnen noch mehrere Male von dem Essen, doch wurde ich dann krank. Später erfuhr ich, daß fast alle Roma durch Fleckfieber den Tod gefunden hatten.

Ich überlegte, was wohl aus uns im Lager Wapniarka geworden wäre ohne Disziplin und Ordnung, ohne die intelligente Führung durch unseren Judenrat und auch ohne die langjährige Erfahrung der politischen Häftlinge. Wahrscheinlich wären wir alle in unbeschreiblichem Elend zugrunde gegangen.

Ein anderes Beispiel zeigt, wie Menschen durch die faschistische Irrlehre einerseits und durch Machtübertragung andererseits zu Bestien werden können. Als in der Kommandantur ein Friseursalon eingerichtet werden sollte, wurden zwei Häftlinge, begleitet von einem Unteroffizier und einem Wachsoldaten, in den Ort Wapniarka geschickt, um die erforderlichen Dinge zu beschaffen. Einer der beiden war Nathan Schwartz, der mir die Begebenheit erzählte.

Sie waren zusammen in ein Geschäft für Friseurbedarf gegangen, dessen Inhaber sie freundlich empfing. Obwohl Unruhe und Angst aus seinem Gesicht sprachen, bemühte er sich offensichtlich, ruhig zu wirken, zwang sich sogar zu lächeln. Er sprach etwas moldauisch und bot den besten Frisierstuhl an, den er im Depot hatte, dazu entsprechende Geräte, wie sie der Friseur eben braucht. Die Sachen wurden hinausgeschafft, man wartete auf den Unteroffizier, der noch im Laden stand. Statt nun dem Ukrainer Dank zu sagen und sich zu verabschieden, schlug er ihm einige Male mit der

Reitpeitsche ins Gesicht, verfluchte dessen Mutter und schimpfte ihn einen dreckigen Kommunisten. Danach gingen alle in eine nahegelegene Kneipe. Nach einigen Bechern Wodka zog derselbe Unteroffizier seine Pistole, bedrohte den Wirt und feuerte sinnlos in die Regale. Als er auf diese Weise seinem Kommunistenhaß Luft gemacht hatte, marschierte er mit dem Trupp ruhig in das Lager zurück.

Dr. Keßler wirkte in seinem weißen Kittel und mit seinem gütigen Lächeln auf uns menschliche Wracks wie ein Engel. So war die Gemütsverfassung vieler Kranker gut, für ihren jämmerlichen Zustand wohl zu gut. Wir wollten unsere Situation einfach nicht ernst nehmen. Obwohl unsere Krankheit unheilbar war, täuschten wir uns selber darüber hinweg, denn wir waren jung und machten eher aus einem Elefanten eine Mücke als umgekehrt. Stundenlang bewegten wir unsere Beine mit den Händen in alle Richtungen und massierten sie, um damit das Blut zum Zirkulieren zu bringen, denn sie waren wie Eis. Nachts konnten wir oft der kalten Beine wegen nicht schlafen. Die Ärzte hatten mich zwar gewarnt aufzustehen, um meinen Zustand nicht zu verschlimmern, doch tat ich es trotzdem, um durch Bewegung meinen Kreislauf anzuregen; die Kälte marterte mich gar zu sehr. In dieser Zeit dachte ich oft über den Tod nach, vor allem nach dem Gespräch mit dem jungen Mediziner Barasch. Über Monate hatte ich von der giftigen Nahrung gelebt, wer wußte, welche Überraschungen noch auf mich warteten?

Seit sechzehn Tagen befand sich das Lager im Hungerstreik, ohne daß ein Ende abzusehen gewesen wäre. Wir Kranken in der Krankenstation waren davon ausgenommen, weil wir wegen unseres schlechten körperlichen Zustandes eine längere Hungerzeit nicht überlebt hätten. Immer wieder ließen sich einige Häftlinge von den intriganten Maßnahmen der Kommandantur einschüchtern und versuchten, uns vom Streik abzubringen. Sie fürchteten das Eingreifen der Armee, die dann unsere Revolte im Blut ertränken würde. Der Judenrat ging aber darauf nicht ein und hielt an dem Beschluß fest, bis zur Absetzung der Giftnahrung nicht aufzugeben. Er forderte jetzt eine Untersuchungskommission, bestehend aus Neurologen und Chemikern, die herausfinden sollten, ob die Erbsen giftig waren oder nicht. Der Kampf ging also weiter, kompromißlos. Niemand erschien zur Arbeit.

Jedermann spürte die angespannte Situation. Das Militär befand sich im Alarmzustand und wartete auf den Einsatzbefehl des Kommandanten.

Jeden Augenblick konnte es zu einer dramatischen Aktion kommen. Das Lager war geschlossen worden, niemand wurde hinausgelassen. Zwar waren alle Drohungen Murgescus bisher ohne Folgen geblieben, aber würde es so bleiben?

Wenn auch der Hungerstreik von politischen Gefangenen schon oft mit Erfolg eingesetzt worden war, um bestimmte Anliegen durchzusetzen, so war es hier bei uns etwas ganz anderes: Wir waren Juden, galten zudem als gefährliche Kommunisten und befanden uns mit einem kommunistischen Lande im Krieg. Uns Deportierte, die man vernichten wollte, schützte kein Gesetz. Worauf sollten wir noch hoffen? Gab es überhaupt eine Aussicht auf Erfolg in unserem ungleichen Kampf gegen die riesigen Kräfte, die über Europa, Afrika und Asien mit Feuer und Zerstörung hinwegfegten? Kräfte, die sich anschickten, die ganze Welt zu erobern, um für tausend Jahre das Reich des Bösen zu errichten? Trotzdem gaben wir nicht auf. Welche Wahl hatten wir schon?

Unter den Patienten befand sich auch ein etwa vierzig Jahre alter Mann, der den ganzen Tag im Bett lag. Seinem Gesicht sah man die Folgen einer schon lange währenden, tiefen Niedergeschlagenheit an. Ich setzte mich zu ihm in der Hoffnung, ein wenig helfen zu können, und ermunterte ihn, von sich zu erzählen. Er hatte eine Frau, mit ihr zwei Kinder, war als Verkäufer in einem jüdischen Laden angestellt und mit seinem Leben recht zufrieden gewesen. Als das Geschäft von einem rumänischen Nichtjuden übernommen wurde, hatte man ihn hinausgeworfen und zum Arbeitsdienst gepreßt. Warum er in dieses Lager deportiert worden war, konnte er sich nicht erklären, denn er war nie in irgendeiner Form politisch tätig gewesen, hatte sich immer nur um seine Angelegenheiten gekümmert.

„Warum bin ich hier? Warum hat man mich von meiner Familie getrennt? Warum, warum?“ fragte er immer und immer wieder.

Auf meine Frage, was ihm gesundheitlich fehle, antwortete er, er fühle im ganzen Körper eine große Schwäche, habe häufig Kopfschmerzen und nähme ab. Auf seiner Akte stand kein Befund, und als ich den Arzt fragte, hob er nur die Schultern und sagte: „So etwas nennt man Depression.“

Meine Bemühungen, ihm zu helfen, hatten keinerlei Erfolg. Der Mann wurde apathisch, nahm schließlich nicht mehr wahr, was um ihn herum geschah und verfiel sichtlich. Seine Krankheit war das Unvermögen, sich gegen sein Schicksal aufzubäumen. Statt sich mit eisernem Willen selber Mut zu machen, um überleben zu können, fragte er nur nach dem Warum seiner Drangsal. Er hatte alle Hoffnung verloren, was im Lager unweigerlich den Untergang bedeutete. Ich war nicht imstande, ihm meine in der langen Haftzeit erlernte Philosophie beizubringen: Wer aufgibt, ist verloren.

Der Kampf gegen die giftige Nahrung ging schon auf die vierte Woche zu; der Hungerstreik dauerte an.

Um die Häftlinge mürbe zu machen, hatte sich der Kommandant eine neue Methode der Bestrafung ausgedacht. Er hatte eine etwa drei Meter tiefe Grube ausheben lassen, im Durchmesser so groß, daß gerade ein Mann darin stehen konnte, kaum in der Lage, sich zu bewegen. Ein Deckel schloß die Grube ab, und eine Wache stand Tag und Nacht dabei, wenn ein Häftling darin eingeschlossen worden war. Das konnte durchaus sechsunddreißig bis achtundvierzig Stunden dauern, ohne Essen und Trinken, und bei der Kälte im Winter ist mancher darin erfroren. Ein Neunzehnjähriger wurde darin wahnsinnig und kam zu uns in die Krankenstation. Als ich bei ihm wachte, fiel er mich an und versuchte, mich zu erwürgen.

Nach einundzwanzig Tagen Hungerstreik traf tatsächlich eine Kommission ein mit Gheorge Alexianu, dem Gouverneur von Transnistrien, an der Spitze. Er sprach mit einigen Patienten der Krankenstation, sah die Situation der einhundertachzig Gelähmten, darunter einige mit Brand an den Beinen, und die der über hundert anderen Kranken, die aus Platzmangel nicht in die Station hatten aufgenommen werden können. Alle hatten die für die Krankheit typischen Symptome.

Von dem Zeitpunkt an gab es statt der Erbsen getrocknete Früchte und Pferdefleisch zu essen. Wir hatten gesiegt, doch um welchen Preis? Wir waren Gezeichnete, Krüppel für unser ganzes Leben!

Im Städtchen Wapniarka gab es eine Veterinärstation, die kranke Pferde zu überwachen hatte. Viele Tiere waren räudig und bis auf die Knochen abgemagert, weshalb sie geschlachtet werden mußten. Deren Fleisch erhielten wir als Nahrung.

Später erschien eine zweite Kommission unter Dr. Balif, dem Chef des *Socola*-Krankenhauses in Iaşi. Er untersuchte die Schwerkranken, so auch mich, und kam sofort zu dem Schluß, die Erbsen seien giftig und die Ursache für unsere Beinlähmungen.

Durch die Umstellung der Ernährung konnte letztlich das schlimmste, unser aller Tod, verhindert werden. Es war schon ein Wunder. Die Führung unserer Judengemeinde hatte es fertiggebracht, uns entgegen den Machenschaften des Kommandanten zu einer festen Einheit zusammenzuschweißen. Das war beileibe nicht immer einfach gewesen. Viele kamen in der Meinung ins Lager, das alles sei nur ein Arbeitseinsatz und werde nach dem Kriege wieder abgestellt. Wozu also die Konfrontation mit der Lagerleitung? So war es manchmal langwierig und mühsam, diese Menschen davon zu überzeugen, daß Oberst Murgescu in Wirklichkeit unsere physische Vernichtung plante. Was anderes hatte er meinen können, als er zu unserer ‚Begrüßung' sagte, wir wären auf zwei Beinen gekommen, auf allen Vieren aber würden wir, wenn wir überhaupt am Leben blieben, wieder hinauskriechen? Hinter ihm stand der ganze deutsche Vernichtungsapparat, der jeden Wink zur Tötung von Juden sofort in die Tat umsetzen würde. Hitler hatte nie ein Hehl aus seinem Haß gegen die Juden gemacht und seinen Vernichtungswillen gegen sie immer wieder öffentlich erklärt. Und die Vasallen Deutschlands – so auch Rumänien – halfen dabei meist willig mit. So waren die eintausendeinhundert im Lager internierten Juden Oberst Murgescu ausgeliefert, ihr Leben in seinen Händen, von ihm hing ihr Schicksal ab. Nicht im Traum wäre ihm eingefallen, daß es jemand wagen könnte, sich gegen ihn zu stellen. Er genoß die Unterstützung eines Regimes, das sich Tag und Nacht Mittel ausdachte, Millionen von Juden an den Ort ihrer Vernichtung zu schaffen.

In diesem Fall hatte sich Murgescu jedoch verrechnet. Denn im Lager Wapniarka hatten sich einige Dutzend Häftlinge zusammengefunden, die die Spielregeln der Vernichtung kannten. Sie verstanden es, mit Intelligenz der brutalen Macht zu begegnen, die sich von Haß und Wut leiten ließ. Trotzdem starben etliche schon im Lager, viele aber auch erst nach der Befreiung. Murgescu wurde im Gefolge unseres Hungerstreiks abberufen. Er hätte sich damals nicht träumen lassen, daß er später für seine Taten hingerichtet werden würde.

Nach seinem Weggang trat als kommissarischer Lagerleiter Hauptmann Buradescu an seine Stelle. Er war ein Agent der Gestapo und noch brutaler als Murgescu. In kurzer Zeit gelang es ihm, einen Lager-Pogrom gegen uns Juden zu inszenieren, indem er zivilrechtlich verurteilten Ukrainern Vorteile versprach, wenn sie mit Juden, die nach Block III kämen, eine Schlägerei begännen. Eigentlich war es den Juden nicht erlaubt, zu den Ukrainern zu gehen, doch waren im Erdgeschoß einige Werkstätten eingerichtet worden, in denen Juden arbeiteten. So kam es zu einem unvermeidlichen Zusammenstoß.

Als Ijaky, ein Jude aus Siebenbürgen, morgens um acht Uhr zum Rasieren in den Frisiersalon ging, griff ihn ein Ukrainer an und schlug ihm mit einem Hammer auf den Kopf. Wie ein Lauffeuer verbreitete sich die Nachricht, die Ukrainer würden mit Brecheisen, Hämmern und Äxten, die sie von der Kommandantur erhalten hätten, angreifen. Es bildete sich in Windeseile eine jüdische Gegenwehr, und ein heftiger Kampf entbrannte. Er dauerte zwar nur wenige Minuten; doch sie hatten genügt, die Ukrainer mit aus unseren Pritschen gerissenen Latten gewaltig zu verprügeln.

Buradescu war auf dem Höhepunkt des Kampfes mit einer Gruppe von Wachsoldaten erschienen, die einige Warnschüsse in die Luft abgaben. Die Häftlinge erstarrten und warteten nun, völlig bewegungslos, auf die tödlichen Kugeln. Buradescu schrie mit seiner dünnen Stimme so laut er vermochte: „Feuer!“, aber die Soldaten schossen nicht. Seine Adern an Hals und Stirn schienen platzen zu wollen, als er mit hochrotem Kopf nochmals schrie: „Feuer!“ Aber wie versteinert standen die Soldaten da und rührten sich nicht. Niemand schoß.

Jetzt drohte Buradescu mit dem Kriegsgericht wegen Verweigerung der Ausführung seiner Befehle, doch es half nichts, keiner bewegte sich. Um sich nicht noch lächerlicher zu machen, schluckte er trocken, befahl den Rückzug und verschwand, blamiert bis auf die Knochen. Die Soldaten wurden an die Front versetzt.

Für uns hätte der Zwischenfall eine Katastrophe werden können. Doch wie war es zu erklären, daß Soldaten sich weigerten, auf Juden zu schießen? Wir fanden folgende Antworten:

1. Das Bemühen, Sympathien auch unter den Wachsoldaten zu gewinnen, mußte Früchte getragen haben.
2. Unsere Aufklärungsarbeit auch unter den Soldaten, daß dieser Krieg den wahren Interessen des rumänischen Volkes ganz und gar zuwiderlief, hatte Erfolg gehabt.
3. Wir hatten die Erkenntnis wecken können, daß wir nur deshalb als ‚Schuldige‘ ins Lager gebracht worden waren, weil das Regime uns das Judesein vorwarf, was sie den Nazis nachmachten.

Ich selber glaube, daß GOTT seine Hand schützend über uns hielt, als Buradescu den Feuerbefehl gab.

Das Lager kehrte zum ‚normalen' Leben zurück. Die Männer gingen wieder zur Arbeit in den Wald, zum Bahnhof, in die Werkstätten und wohin immer sie beordert wurden. Die Bahnhofsgruppe hatte den Auftrag zur Kontaktaufnahme mit Eisenbahnern, die in Rumänien über die Ereignisse im Lager berichten sollten. Auch zu Zivilisten, Soldaten und Offizieren knüpfte man Verbindungen, und dadurch erhielten wir Hilfe in Form von Geld, Medikamenten, Lebensmitteln und später auch von Radioteilen, die wir im Lager heimlich zusammensetzten. Nun konnten wir Nachrichten aus London, Moskau und Deutschland hören, die wir nur an vertrauenswürdige Häftlinge weitergaben; denn leider gab es Gefangene, die sich zu Informanten der Kommandantur hatten dingen lassen, und denen durfte nichts von diesem Gerät bekannt werden.

Am 6. Februar 1943 kam ein neuer Kommandant, Oberstleutnant Popovici. Er verhielt sich uns Gefangenen gegenüber sehr korrekt und anständig, was seinem Wesen entsprach, wohl aber auch, weil er als intelligenter Mensch aus den militärischen und politischen Ereignissen seine Schlüsse zu ziehen verstand. Es kam sogar zu Freundschaften mit einigen Leuten unseres Komitees, so daß die Zusammenarbeit zwischen Lagerleitung und Judengemeinde gegenseitige Vorteile brachte. Selbstverständlich erfuhr er so, daß Hauptmann Buradescu ein Mann der Deutschen war, der auch ihn bespitzelte.

Popovici wurde unser geheimer Kurier. Auf seinen Dienstreisen nach Rumänien nahm er Briefe an Familien der Häftlinge mit. Andere Briefe mußten unbedingt die antifaschistische Front in Rumänien erreichen. Sie informierten über die Situation im Lager und forderten Antworten und Anweisungen auf Fragen des Komitees. Wieder andere Briefe waren an ein Hilfskomitee gerichtet, das uns über das Rote Kreuz ganz legal Pakete zukommen ließ. Doch auch illegal besorgte Popovici Briefe, Geld und Pakete.

In seiner Zeit als Lagerkommandant verbesserte sich unsere Situation spürbar. Der bislang draußen in der Kälte durchgeführte Appell fand nun, merklich kürzer, in den Gebäuden statt. Öfen wurden gebaut, auf denen die Häftlinge selbst etwas kochen konnten – Kartoffeln, *Mămăligă* und unter großen Opfern vom Bahnhof herbeigeschaffte Zuckerrüben. Ein Laden wurde eingerichtet, in dem man Maismehl und Kartoffeln kaufen konnte.

In der Kantine gab es verschiedene Speisen zur Aufbesserung unserer Nahrung, kurz, unser Leben wurde leichter, soweit das unter den obwaltenden Kriegsbedingungen überhaupt möglich war.

Natürlich mußte Oberst Popovici sehr vorsichtig zu Werke gehen, denn Buradescu und seine Helfershelfer spionierten ihm auf Schritt und Tritt nach. Außer ukrainischen Spionen gab es leider immer wieder jüdische Handlanger, die über alles, was im Lager geschah, Bericht erstatteten. Es konnte nicht ausbleiben, daß Hauptmann Buradescu etwas merkte. Er meldete der Gestapo und der transnistrischen Verwaltung, Popovici sei ein Agent des Judentums. Daraufhin ließ man ihn überwachen, um ihn auf frischer Tat zu ertappen.

Unser Komitee erfuhr davon und warnte ihn. Als kluger Mann merkte er sehr bald, daß er bei einer Bahnfahrt zurück nach Transnistrien beobachtet wurde. Ihm gelang es mit viel Geschick, sich des ihn belastenden Materials zu entledigen, bevor man ihn verhaftete und nach Odessa brachte. Obwohl man ihm nichts nachweisen konnte, wurde Buradescu wieder zum kommissarischen Lagerkommandanten ernannt.

Sofort begannen seine Schikanen. Das Wasser wurde erneut rationiert, die Kantine geschlossen, die Öfen entfernt, der Appell nach draußen ins Freie verlegt. Selbst die Kranken aus der Krankenstation mußten geholt werden. Eine geschlagene Stunde dauerte das Durchzählen, und wenn die Zahl nicht stimmte, eben länger. Die Kälte zehrte an den ausgemergelten Körpern, die nur unzureichend durch die armselige Kleidung geschützt werden konnten. Um uns doch noch auszuhungern, ließ er den Laden schließen, der eigens eingerichtet worden war, um nach der Giftnahrung zu retten, was noch zu retten war.

Eines Tages wurde ein neuer Gefangener namens Silbermann aus dem Ghetto Tiraspol gebracht, von Statur schmächtig, klein und hager. Ihm sagte man nach, Informant des Staatssicherheitsdienstes gewesen zu sein, der zahlreiche Menschen ins Gefängnis gebracht habe. Da sein Tun nach einiger Zeit in der Öffentlichkeit ruchbar geworden war, entledigte man sich seiner einfach durch die Deportation nach Wapniarka.

Im Lager empfing man ihn mit entsprechender Verachtung; er wurde sogar mißhandelt. Niemand sprach mit ihm; nur seine Vergangenheit wurde ihm ständig vorgehalten. Dadurch ging es ihm von Tag zu Tag schlechter, und als er seine Qual nicht mehr ertragen konnte, forderte er, zurück nach Tiraspol oder nach Rumänien gebracht zu werden. Trotz seiner Verdienste um den Staatssicherheitsdienst hatte er keinen Erfolg. Als Jude hatte er in Wapniarka zu bleiben. In seiner Verzweiflung trat er in den Hungerstreik. Er lag auf einer Decke auf dem Boden und strömte einen widerlichen Geruch aus. Man konnte sich nicht in seiner Nähe aufhalten. Nach dreißig Tagen gab er auf, weil ihn niemand beachtete. Seine selbstquälerische Aktion hatte keinerlei Erfolg gehabt. Es blieb ihm nichts weiter übrig, als sich mit seinem traurigen Dasein abzufinden.

Wir hatten im Lager auch einen freiwilligen Häftling. Er besaß unbeschränkte Freiheit, konnte sich aufhalten, wo er wollte, und durfte sogar ohne Kontrolle das Lager verlassen und wieder betreten, ganz nach Belieben. Von Statur eher groß, im Wesen ausgesprochen sanft, war er bald der Freund aller geworden; denn er war gegenüber jedermann freundlich, suchte niemals Streit und vertrug sich selbst mit den Soldaten und der Kommandantur. Sobald er Hunger verspürte, ging er betteln und erhielt immer etwas, so daß er wohlgenährt und gesund aussah. Es war unser Lagerhund Vasia.

In der Gemeindeführung gab es einen Wechsel. Radu Alexandru gab seinen Präsidentenstuhl an den einstigen Industriellen Donadt ab, einen stattlichen Mann von beachtlicher Intelligenz. Er bemühte sich sehr, die Schikanen Buradescus abzustellen, indem er Gesuch um Gesuch schrieb; leider ohne Erfolg. Buradescu blieb entschlossen, die entscheidenden Leute in der Gemeindeführung ausfindig zu machen, um unseren Zusammenhalt zersprengen zu können.

In der Tat wußte niemand genau, wer dem engeren Führungskreis, dem Komitee, angehörte. Man ahnte lediglich Lazars und Bondys Einfluß. Buradescu sollte im Auftrage der Gestapo unbedingt herausfinden, wer die führenden Männer waren, die es fertiggebracht hatten, die Öffentlichkeit und das Internationale Rote Kreuz für die Gefangenen in Wapniarka zu interessieren und zu mobilisieren.

Eine junge Ukrainerin wurde gebracht mit sichtlichen Folterspuren an ihrem Körper. Sie hieß Vera und wurde verdächtigt, den Partisanen angehört zu haben. Da sie sehr hübsch war, blieb es nicht aus, daß die Männer ihr nachschauten und versuchten, sich ihr zu nähern. Unser guter Dascalu war der Glückliche, mit dem sie ein Verhältnis einzugehen bereit war, und es schien sich eine wahre Liebe daraus zu entwickeln.

Doch so plötzlich, wie sie gekommen war, verschwand Vera wieder. Da wurde allen klar, daß sie eine Agentin der Gestapo gewesen sein mußte, die den Auftrag hatte, sich in die Führungsschicht des Komitees einzuschleichen, was ihr ganz offensichtlich gelungen war.

Dascalu hatte, verblendet in seiner Verliebtheit, nicht gemerkt, wie Vera ihn auszuhorchen verstand. So hatte er Namen preisgegeben, die niemand hören durfte, Aufgaben genannt, von denen niemand wissen sollte. Dascalu aber war entsetzt. Er hatte ungewollt Freunde verraten, das schlimmste, was einem Führungsmitglied des Komitees geschehen konnte. Doch auch sein männlicher Stolz war zutiefst verletzt, denn diese Frau hatte ihn heimtückisch hintergangen. Dascalu wurde seines Amtes enthoben und mußte nun mit der Verantwortung für die entsetzlichen Folgen seines Versagens selber fertig werden.

Buradescu aber triumphierte. Er gab eine Erfolgsmeldung an seine Vorgesetzten weiter und erwartete deren Befehle. Bis diese eintrafen, verging einige Zeit, in der er uns weiter schikanierte. Er versuchte erneut, unsere Einheit zu zerbrechen und ein Komitee seiner Wahl einzusetzen. Wieder einmal schlug er Bubi Finchelstein vor, sekundiert von einigen Intellektuellen. Wie zu erwarten, erkannte niemand von uns die Männer an, so daß Buradescu sich gezwungen sah, seinen Judenrat per Befehl einzusetzen. Dazu mußten alle Häftlinge antreten, denen er mitteilte, das alte Gremium würde nicht mehr anerkannt und ein neues träte an seine Stelle. Er ließ die Mitglieder aus den Reihen vortreten, damit jeder sie erkennen konnte.

Wir protestierten dagegen, weil wir diese Leute strikt ablehnten. Als sie versuchten, mit uns zu reden, wurden sie ausgepfiffen und ausgebuht: „Raus mit den Verrätern! Raus mit den Nazi-Handlangern!"

Einige erhielten sogar Prügel. Trotzdem ließ Buradescu sie im Amt. Tage voller Spannung folgten. Doch Bubis Gruppe begriff langsam, daß sie auf das falsche Pferd gesetzt hatte, und einer nach dem anderen distanzierte sich von ihm. Buradescu hatte diesmal verloren.

Aufgrund der Meldung Buradescus traf im Frühjahr 1943 eine Untersuchungskommission ein mit dem angeblichen Auftrag, Häftlinge ausfindig zu machen, die unschuldig deportiert worden waren, und diese zu entlassen. Es dauerte ein paar Tage, bis die Kommission einen detaillierten Bericht nach Bukarest an das Innenministerium schickte und wieder verschwand. Im Mai 1943 ordnete man die ‚Freilassung' eines Teils derer an, die erst unmittelbar vor der Deportation verhaftet worden waren. Statt nach Hause schickte man sie aber in verschiedene Ghettos Transnistriens. Deren Einwohnerschaft war inzwischen durch Hunger, Fleckfieber und Erschießungen so weit dezimiert worden, daß die Ghettos Golta, Savrani, Mogilew, Grivoi-Ozero und andere neu aufgefüllt werden konnten.

Buradescu hatte folgendes erreicht:

1. Diejenigen, die aus der Freiheit deportiert worden waren und für die keine polizeilichen Akten vorhanden waren, schickte man in verschiedene Ghettos.
2. Häftlinge aus den Gefängnissen Caransebeş und Văcăreşti verlegte man in das Gefängnis von Rybniţa.
3. Alle ehemaligen Insassen des Lagers Tîrgu Jiu sollten zunächst in Wapniarka bleiben, doch sobald die Front näherrückte, evakuiert werden.

Nachts konnte man bereits den Kanonendonner der Front hören. Bald kursierte das Gerücht, bei einer Evakuierung wolle man uns den Deutschen übergeben. Was das für uns bedeutet hätte, war jedermann klar: Tod durch Erschießen! Glücklicherweise war es ein Gerücht, so daß nach dem ersten Schrecken die Hoffnung zurückkehrte, doch noch lebend hinauszukommen.

Buradescu hatte sein Ziel erreicht (und Dascalu war, ohne es zu wollen, sein ‚Gehilfe' geworden): Unsere Lagereinheit wurde zerstört. Zwei Gruppen wurden verlegt und unterstanden damit anderen Befehlsgewaltigen. Er selbst wurde durch Oberst Motora abgelöst.

Wir Häftlinge nahmen voneinander Abschied. Es ist schwer zu beschreiben, was sich in jedem einzelnen dabei regte. Wir hatten unter den harten Bedingungen des Lagerlebens miteinander durchgehalten, uns gegen Willkür gewehrt, immer im Schatten des Todes gestanden und uns doch unsere geistige Unversehrtheit und Menschenwürde erhalten können. Im Leid waren wir Brüder und Schwestern geworden.

Als erste Gruppe brachte man die Schuldlosen fort. Über vierhundert unserer Freunde brachen in eine unbekannte Zukunft auf. Wer wußte schon, was sie noch erwartete? Von ganzem Herzen wünschten wir ihnen die baldige Befreiung.

Wenig später kamen die aus den Gefängnissen an die Reihe; sie sollten nach Rybniţa in die Nähe Tiraspols transportiert werden. Für alle waren die Stiefel und Kleider repariert worden, und nun standen wir in zwei Reihen zum Appell auf dem Hof. Groß war mein Erstaunen, als weder ich noch Nathan Schwartz aufgerufen wurden. Ich fragte Bondy, was zu tun sei; doch der machte mir ein Zeichen, keine Fragen zu stellen und in den Block zu verschwinden.

Der Abschied fiel mir gerade von diesen Freunden und Kameraden sehr schwer. Mir kamen die vielen Tage des Zusammenseins in den Gefängnissen und im Lager in den Sinn. Was hatten wir in Trübsal, Unmenschlichkeiten und Todesangst gemeinsam ausgehalten, wieviel Trost, Aufmunterung und auch Freude hatten wir uns gegenseitig geben können. Nun mußte ich mich von ihnen trennen. Mir war es, als gäbe ich ein Stück meiner selbst dahin. Durch diese Menschen war ich herangereift.

Schwartz und ich fragten uns, warum wir als ehemalige Insassen verschiedener Gefängnisse nicht mit auf der Liste gestanden hatten. Hatte man unsere Angabe, aus dem Lager Tîrgu Jiu gekommen zu sein, nicht nachkontrolliert? Plötzlich ging uns ein Licht auf: Wir mußten ohne unsere Akten nach Wapniarka geschickt worden sein! Unsere Eingebung bei der Einlieferung damals im September 1942, nicht aus einem Gefängnis, sondern aus dem Lager Tîrgu Jiu gekommen zu sein, wirkte sich nun aus: Wir hatten in Wapniarka zu bleiben! Und die Frontlinie zog sich immer weiter nach Westen zurück, womit die Gefahr, den Einsatzkommandos der SS ausgeliefert zu werden, in schreckliche Nähe rückte.

10. OBERST MOTORA

Im Lager Wapniarka hatte Oberst Motora das Kommando übernommen. Er war ein stattlicher Mann, stets wie aus dem Ei gepellt, an seinem Halse prangte die höchste deutsche Militärauszeichnung, das Ritterkreuz. Obwohl er ein hartes Gesicht hatte, war er doch ein aufrichtiger und mitfühlender Mann. Er sollte unser Retter werden.

Motora hatte erkannt, daß er nicht nur eine Masse elender Juden vor sich hatte, die zum Abschlachten nach Transnistrien gebracht worden waren, sondern daß er es mit intelligenten Menschen zu tun hatte, unter denen sich bekannte Persönlichkeiten der politischen Szene befanden. Er wußte auch, wie es um die nationalsozialistische Sache stand. An allen Fronten erlitten die Achsenmächte erhebliche Rückschläge; die alliierte Luftflotte bombardierte Tag und Nacht deutsche Fabriken, Eisenbahnen, Häfen und Städte. Für das militärische Desaster erfanden die Nazi-Strategen stets neue Bezeichnungen wie ‚taktische Verlagerung' oder ‚strategischer Rückzug'.

Vom Innenministerium war die Anordnung gekommen, das Lager wegen des Herannahens der Front zu evakuieren. Motora geriet jetzt in eine schwierige Lage. Sein Adjutant, Stefanescu Draganeşti, hatte in Bukarest die Verlegung in Richtung Bug vorgeschlagen und bereits ohne Wissen Motoras Kundschafter losgeschickt, um einen für uns geeigneten Ort ausfindig zu machen. Das wäre unser Tod gewesen, weil wir damit den deutschen Erschießungskommandos in die Hände gefallen wären, die weiter ihr grausames Handwerk betrieben.

Oberst Motora war einerseits fest entschlossen, die Verlegung nach Osten zu verhindern, konnte andererseits aber den Befehl des rumänischen Innenministeriums nicht einfach ignorieren. Er verfaßte deshalb einen neuen Bericht, in dem er die Annullierung des alten Plans und einen neuen vorschlug, nämlich die Evakuierung in Richtung Tiraspol, eine Gegend, die weiter von der Front entfernt lag. Der neue Bericht wurde telegrafisch übermittelt und schon wenig später positiv beantwortet: Wir sollten nach Grosulova übersiedeln, etwa fünfzig Kilometer von Tiraspol entfernt. Motora rief eine Delegation unserer Gemeinde zu sich und kündigte die Evakuierung für die nächsten Tage an.

Ein emsiges Treiben begann. Wir sollten so viele Dinge mitnehmen, wie wir konnten. Eine spezielle Mannschaft wurde gebildet, die zu demontieren hatte, was im neuen Lager dann wieder aufbaufähig war. Da die Deutschen für ihren Rückzug jeden Eisenbahnwagen brauchten, konnte Motora nur mit Mühe einige Waggons für unseren Transport abzweigen. Das Ritterkreuz, stets an seinem Halse prangend, hatte hier wohl Wunder bewirkt.

Wir sollten also endlich das Todeslager Wapniarka verlassen. Wieviel Leid hatte dieser kleine Fleck Erde gesehen, wieviel Leid sollten wir mitnehmen! Gesund und jung waren wir gekommen, als Krüppel zogen wir wieder aus. Und viele Männer, Frauen und Kinder lagen auf dem nahen Lagerfriedhof, wegen des gefrorenen Bodens oft kaum mit Erde bedeckt; die Wölfe haben so manchen wieder ausgescharrt und ihren Hunger an ihnen gestillt.

Wir waren etwa fünfhundert Häftlinge, die sich auf dem Transport nach Grosulova bei Razdelnaia befanden. Ein ehemaliges Tabaklager auf einem riesigen Gelände, alles verwüstet, sinnlos zerstört, empfing uns. Motora rief uns auf, mit der Einrichtung sofort zu beginnen, und die Handwerker machten sich an die Arbeit. Alles, was irgendwie zur Erleichterung unseres Lebens beitragen konnte, begann Gestalt anzunehmen. Türen, Fenster, Betten, eine Küche, ja, selbst einige Duschen konnten angefertigt werden. Sogar der Stacheldrahtzaun wurde von den Gefangenen errichtet. Und das Essen wurde besser!

Ich erinnere mich, daß uns die Bukarester jüdische Gemeinde ein paar Kisten schickte, die wohl Seifenstücke enthielten. Beim Waschen allerdings entstand überhaupt kein Schaum, und schließlich fanden wir heraus, daß es sich um Glukose gehandelt hatte.

Wie schon in Wapniarka fand auch im Lager Grosulova kulturelles Leben statt. Verantwortlich für die Organisation solcher Veranstaltungen war Julis Schafram, ein dreißig Jahre alter Mann, hochgebildet, leider durch lange Gefängnisaufenthalte lungenkrank geworden und zum Skelett abgemagert. Ihm zur Seite stand Volodia, ein begabter Musiker. Die beiden stellten einen Chor zusammen, der immerhin den Strauß-Walzer ‚An der schönen blauen Donau‘ und ‚Der verlorene Brief‘ von Caragiale fünfstimmig zu singen verstand. Volodia hatte die Besetzung sehr sorgfältig gewählt und lange geprobt. Andere Vorführungen waren eingeübt worden und sollten nun aufgeführt werden. Oberst Motora wurde mit seinem Stabe zur Premiere eingeladen, die ein so großer Erfolg wurde, daß er eine weitere Vorführung für alle Soldaten anregte. Wir nahmen natürlich mit Freuden an, und auch die zweite Aufführung wurde ein voller Erfolg.

Unter den fünfhundert Häftlingen wiesen an die dreihundert leichte Symptome der Lähmung auf, an die neunzig aber waren schwer erkrankt und konnten nicht ohne Stöcke gehen. Man sagte uns, die Krankheit könne sich im Laufe der Zeit verschlimmern und zu schweren Komplikationen an Leber, Nieren, Harnwegen und Gehirn führen. Wie sich später zeigte, stimmte das, auch Krebs trat auf, der bei achtzig Prozent, unter ihnen sehr viele junge Menschen, zum Tod führte.

Grosulova war ein kleines Städtchen, in dem die gesamte jüdische Bevölkerung nach dem Einmarsch der deutschen Truppen von den Einsatzkommandos massakriert worden war. Von dem einst regen jüdischen Leben in diesem Ort zeugten noch alte Grabsteine auf dem Friedhof, die hebräische oder jiddische Inschriften aufwiesen.

Kamen wir zur Arbeit in die Stadt, sprachen wir mit den noch verbliebenen christlichen Einwohnern, die sich uns gegenüber recht freundlich verhielten und uns Lebensmittel anboten. Leider konnten wir keine Verbindung mit unseren Angehörigen zu Hause aufnehmen, weil Grosulova zu weit ab von der Bahnstation lag.

Unser Leben verlief ohne besondere Ereignisse. Mit Hilfe der Kommandantur konnten wir Lebensmittel von außerhalb beschaffen, es ging uns also vergleichsweise gut.

Im Februar 1944 traf der Befehl zur erneuten Evakuierung ein. Es sollte über das nahe Tiraspol ins Lager Tîrgu Jiu gehen. Wieder wurden die nötigen Vorbereitungen für den gefahrvollen Transport getroffen. Alle Hauptstraßen waren voll von deutschen und rumänischen Truppen, die sich hastig zurückzogen. Hier sollte unser Treck nun hindurchkommen? Ein fast undurchführbares Unterfangen.

Oberst Motora ergriff alle möglichen Maßnahmen, um uns so gefahrlos, wie es die Situation zuließ, nach Rumänien zu bringen. Schließlich requirierte er einige Dutzend Pferdewagen mitsamt ihren Besitzern für den Transport der nicht Gehfähigen und des Gepäcks. Davon hatten wir nur das allernötigste mitzunehmen, denn es ging zunächst ja in das Lager Tîrgu Jiu, in dem wir nicht mit Kisten und Kasten eintreffen durften.

Motora hatte die Karte recht genau studiert und Nebenwege gesucht, die weniger befahren waren und die uns vor den deutschen Truppen schützten. Im März 1944 brachen wir auf, begleitet von den Pferdewagen und Oberst Motora in seinem Auto. Wer irgend konnte, mußte zu Fuß gehen, auch die Invaliden, die es noch mit einem Stock schafften. Rumänische Wachsoldaten umgaben uns und sollten auf Elemente achten, die es auf unsere Liquidierung abgesehen hatten. Auf unserem Marsch gab es plötzlich Unruhe: Es waren Wlassow-Soldaten [24] aufgetaucht. Hinter einem Wall versteckt, wollten sie unseren Judentreck angreifen, ließen aber davon ab, als sie die bewaffneten Wachsoldaten sahen.

Wir vermieden befestigte Straßen und wichen auf Feldwege aus, wo wir oft bis zu den Knien im Schlamm versanken. Trotzdem marschierten wir schnell und schweigsam, um keine Aufmerksamkeit zu erregen. Die nur wenig Gelähmten mußten solange marschieren, bis sie nicht mehr konnten, erst dann durften sie in einen Wagen steigen.

Abends erreichten wir Plosca Mare, wo wir uns in Ställen ein wenig ausruhen konnten. Am nächsten Morgen ging es weiter. Obwohl wir physisch erschöpft waren, hatte sich unser eine heitere Stimmung bemächtigt, die uns Kraft gab weiterzugehen. Die Beine schienen gar nicht mehr uns zu gehören, wir marschierten wie von selbst, immer angetrieben von dem Wunsch, unsere Familien so schnell wie möglich wiederzusehen. Wer hinfiel, wurde von den Kameraden wieder hochgezogen und beim Weitergehen gestützt. Weitergehen, immer nur weitergehen, denn vorwärts bedeutete für uns das Leben.

Der Marsch wäre leichter gewesen, wenn sich nicht an den Füßen gräßlich schwere Matschklumpen gebildet hätten. Schließlich gab es kein Fortkommen mehr, und wir mußten eine befestigte Straße aufsuchen. Dort bot sich ein Anblick, den ich mein Lebtag nicht vergessen werde, er spult sich wie ein Film immer wieder vor meinem inneren Auge ab.

Auf der einen Seite marschierten endlose Reihen Soldaten und Offiziere, Deutsche und Rumänen, auf der anderen Straßenseite gingen wir. Über unsere Köpfe hinweg flogen russische Militärmaschinen in alle Richtungen. In ihren verdreckten Uniformen ließen die Soldaten die Köpfe hängen, man sah ihnen an, daß der Niedergang der deutschen Herrlichkeit sie demoralisiert hatte. Sie wußten, daß der Krieg seinem Ende zuging, der Traum von der Beherrschung der Welt durch den Herrenmenschen war ausgeträumt. Das einzige, was Bestand hatte, war der diabolische Drang, die Juden auszumerzen, weshalb wir, die noch zerlumpter und dreckiger aussahen als die Soldaten, äußerste Vorsicht üben mußten, um nicht einem Erschießungskommando in die Hände zu fallen.

Wir marschierten weiter, mit uns die einst große Armee, die Polen und Frankreich in kurzer Zeit erobert hatte. Sie war auf der Flucht. Es ging nur noch darum, aus der russischen Umklammerung auszubrechen, bevor die Zange sich schloß. Ein rumänischer Soldat wandte sich ironisch an einen deutschen: „Na, hast du noch Schokolade?"

Der Deutsche nahm die Ironie gar nicht wahr und verneinte. Darauf der Rumäne: „Was sagt ihr dazu, statt Schokolade bekommt Fritz jetzt einen Bären aufgebunden!"

Eigentlich war die Niederlage der Deutschen auch die der Rumänen, hatten sie doch Seite an Seite für dieselbe unselige Sache gekämpft. Ich hatte aber den Eindruck, daß die Rumänen sich über die Prügel, die Deutschland bezog, freuten. Es lag wohl mit daran, daß sie von den Deutschen immer von oben herab angesehen worden waren. Ihre Uniformen waren verschossener, sie fühlten sich eher als Diener der Deutschen, was sie auch zu spüren bekamen. Wen wundert es, wenn jetzt Schadenfreude aufkam?

Als wir nach großen Strapazen im Ghetto von Tiraspol eintrafen, fielen wir, verstaubt und verschwitzt, wie tot zu Boden. Da es schon dunkelte, wollten wir so, wie wir waren, übernachten und schliefen auf der Stelle ein.

Nach einer Stunde aber ging eine große Aufregung durch die Menge. Motora rief das Führungskomitee zusammen. Was war geschehen? Der deutsche Kommandant von Tiraspol hatte erfahren, daß Juden aus einem Lager angekommen waren, und forderte die sofortige Übergabe in seine Befehlsgewalt. Wegen der herannahenden Front übernähmen die Deutschen ab Mitternacht das bislang unter rumänischer Verwaltung stehende Transnistrien und damit auch die Brücke über den Dnjestr, die uns in unsere rumänische Heimat und damit in die Freiheit führen sollte.

Wie von unsichtbaren Händen getrieben sprangen wir auf. Innerhalb weniger Minuten hatte sich unser Konvoi im Laufschritt in Bewegung gesetzt. Die Erschöpfung war wie fortgeblasen, als hätten wir eine Wunderdroge geschluckt. Unterwegs gingen ein paar Wagen zu Bruch, wir ließen sie mitsamt dem Inhalt liegen und setzten das Rennen zur Dnjestrbrücke fort. Motora pendelte in seinem Auto die ganze Zeit von der Spitze der Kolonne bis zum Ende hin und her, spornte uns an und lächelte uns aufmunternd zu. Er blickte immer wieder auf seine Uhr und achtete darauf, daß uns niemand folgte. Es war ein Wettlauf gegen die Zeit, dabei regnete es, und wir waren völlig durchnäßt. Die armen Bauern verzweifelten, als sie ihre Wagen in den Schlaglöchern zerbrechen sahen. Sie hatten geglaubt, in Tiraspol sei ihre Verpflichtung zu Ende gewesen, doch wer hatte voraussehen können, daß der deutsche Kommandant den Oberbefehl über die gesamte Ukraine erhalten würde?

Nach schier übermenschlichen Anstrengungen erreichten wir die Brücke über den Dnjestr. Doch hier stellte sich ein neues Hindernis in den Weg. Ein deutscher Feldwebel mit seiner Wachmannschaft hatte die Brükke zu sprengen, jetzt sofort! Ob Motoras Ritterkreuz oder das Mitleid mit unserem Elend den Ausschlag gaben, weiß ich nicht, jedenfalls durften wir passieren, mußten jedoch in dreißig Minuten die andere Seite erreicht haben, weil dann auf jeden Fall gesprengt werden sollte. Im Abstand von ein paar Metern fuhren die noch verbliebenen Wagen hinüber, über uns russische Flugzeuge. Wir beteten zu GOTT, die Russen nicht gerade jetzt die Brücke bombardieren zu lassen, was bereits den ganzen Tag und die Nacht geschehen war. Und das Wunder geschah! Innerhalb der halben Stunde erreichten wir alle mit zum Zerspringen schlagenden Herzen das andere Ufer in Bessarabien.

Die Eigentümer der Pferdewagen hatten lieber auf ihre Gefährte verzichtet, als selber auch den gefährlichen Weg über die Brücke zu nehmen. Wir aber konnten uns nicht länger zurückhalten und brachen in lauten Jubel aus. Wir waren entkommen, hatten das verfluchte Transnistrien hinter uns lassen können. Hunderttausende Juden hatten ihr Leben dort verloren, waren durch Kugeln der Erschießungskommandos, durch Fleckfieber, durch Hunger, Kälte und Verzweiflung zugrunde gegangen. Wir aber lebten!

11. DER WEG IN DIE FREIHEIT

Ich möchte hier zunächst ein wenig abschweifen, um verständlich zu machen, weshalb wir beim Betreten rumänischen Bodens wähnten, die Freiheit erlangt zu haben.

Unsere Gruppe war durchaus über die politischen Veränderungen in Rumänien informiert. Es hatte immer geheime Verbindungen in die Heimat gegeben, sei es durch Kassiber, sei es durch Mittelsmänner, die man bei der Zwangsarbeit außerhalb der Lager zum Überbringen von Nachrichten gewinnen konnte.

Zwar hatte Antonescu bei einem Aufenthalt im bayrischen Kleßheim in der Zeit vom 26. bis 28. Februar 1944 Hitler die unbedingte Bündnistreue Rumäniens zugesichert, doch gab es oppositionelle Kräfte, die sich am 17. März 1944 in Kairo mit Vertretern der Alliierten um einen Sonderfrieden mit Rumänien bemüht hatten. Am 4. März hatte die sowjetische Großoffensive im Süden begonnen, durch die die deutschen und rumänischen Truppen nach Westen gedrängt wurden. Deshalb waren wir ständig verlegt worden.

Nachdem die Truppen der Roten Armee rumänisches Gebiet erreicht hatten, gab der sowjetische Rundfunk immer wieder bekannt, Rußland wolle nichts weiter als die Zerschlagung der Hitlerarmee, es stelle keine Gebietsansprüche an Rumänien. Diese Offensive endete auf einer Linie von Iaşi im Norden den Dnjestr entlang nach Süden. Von da an herrschte Ruhe an der Front.

Am 12. April gab die Regierung der UdSSR der rumänischen Regierung die Bedingungen für einen Waffenstillstand bekannt, die der sowjetische Rundfunk dann pausenlos sendete. Vor allem die breite Mittelschicht in Rumänien hatte begonnen umzudenken. Man erkannte, daß der Krieg verloren war, und konnte sich durch die Hinwendung zu den Alliierten einige Vorteile beim Friedensschluß versprechen. Mitte Juni gab es eine geheime Sitzung von Vertretern König Michaels, der Armee und der Opposition, um Möglichkeiten des Frontwechsels zu beraten. Solche Dinge bleiben nicht gänzlich geheim. So kursierten Gerüchte der unterschiedlichsten Art.

In Rumänien begann man die Ablösung vom nazistischen Spuk zu spüren und empfand dies geradezu als Befreiung. Wir erfuhren auf unserem Wege von der Entwicklung, die sich anbahnte, und als wir den Dnjestr überschritten hatten, wußten wir uns deshalb gerettet.

Zwei Tage später kamen wir in Tighina an, wo zwei Kinos für uns beschlagnahmt worden waren. Wir schliefen wie die Klötze bis zum nächsten Morgen. Etwa acht Tage mußten wir dort verbringen, weil sich Waggons und Lokomotive zur Weiterfahrt einfach nicht finden ließen; die Deutschen hatten alles für sich beschlagnahmt. Doch wieder gelang es unserem hochdekorierten Oberst, einen Zug für uns zu organisieren, wenn auch mit einigen offenen Waggons. Was tat das schon? Wir fuhren in die Freiheit! Der Regen verstärkte sich zum Wolkenbruch, aber wir sangen, wir sangen und weinten vor Freude; denn wir waren der Hölle entkommen.

Die Fahrt nach Bukarest wurde uns sehr lang. Am 1. April 1944 endlich kamen wir an. Ich glaube, es war der Südbahnhof, an dem sich viele Verwandte, Freunde und Bekannte zur Begrüßung eingefunden hatten. Es war ein Wiedersehen, zu dessen Beschreibung mir die Worte fehlen. Die Menschen lachten und weinten zugleich vor Erschütterung und Erregung, waren sprachlos oder stammelten Unverständliches, fielen sich um den Hals und sahen den Dreck nicht, vor dem wir strotzten. Die Nachricht von der Ankunft eines Transportes dem Tode entronnener deportierter Juden verbreitete sich wie ein Lauffeuer in der Stadt. Alle wollten das Wunder mit eigenen Augen sehen: Dem Tode geweiht, waren wir lebend zurückgekehrt!

Nebenher erfuhren wir, daß vier Männer mit Motoras Einverständnis unterwegs geflohen waren, um in Bessarabien oder Rußland zu bleiben.

Die Rote Armee rollte wie eine Walze unerbittlich heran. Vor sich her trieb sie alle, die sich irgendwelcher Verbrechen schuldig gemacht oder mit den Nazis zusammengearbeitet hatten. Nun saßen diese Menschen hier in Bukarest auf dem Bahnhof in ausrangierten Waggons als Behausung und wußten nicht wohin. Männer, Frauen und Kinder warteten auf das Ende des schrecklichen Krieges und hofften verzweifelt, wieder in ihre Wohnorte zurückkehren zu können.

Nochmals war es Motora mit unendlicher Mühe gelungen, für uns Waggons aufzutreiben. Weiter ging es am 3. April ins Lager Tîrgu Jiu, wo wir die endgültige Befreiung abwarten sollten. Bald nach der Abfahrt wurde es Tag, und wieder waren wir wie durch ein Wunder dem Tode entronnen. Die amerikanische Luftwaffe hatte nach der auf deutschen Druck erfolgten Kriegserklärung Rumäniens an die USA erstmals Ploieşti und Bukarest bombardiert, wo Tausende Menschen starben, darunter auch viele Flüchtlinge auf dem Bahnhof, den wir kurz zuvor verlassen hatten. Er war völlig zerstört und die Waggons durch die Druckwelle der Bomben bis auf die Dächer der Häuser geschleudert worden.

Im Lager empfingen uns unsere nichtjüdischen Leidensgenossen, von denen wir im September 1942 im Gefängnis Văcăreşti getrennt worden waren. Wir umarmten uns, vergossen Freudentränen, ein unvergeßliches Wiedersehen! Freude auch über die nun anbrechende Zeit der Demokratie, weil die Mächte der Finsternis endgültig besiegt waren. Mit der Befreiung nach so vielen leidvollen Jahren des Mangels, der zehrenden Sorgen, der Qual und der Hoffnungslosigkeit verschwand das Symbol des Schreckens, das Hakenkreuz. Würde die zivilisierte Welt künftig mit den zerstörerischen Kräften, die sich immer wieder rühren werden, fertig werden? Auch Zweifel mischten sich in unsere Freude.

Ein paar Tage später erfuhr ich, daß die aus Gefängnissen nach Wapniarka deportierten Häftlinge, die man vor uns abtransportiert und nach Rybniţa gebracht hatte, dort bestialisch abgeschlachtet worden waren. Unter den Ermordeten befanden sich auch Bondy und Lazar. Nur drei Männer konnten dem Blutbad entkommen: Matei Gal, I. Walter und Pinkas Fischbach. Von Matei Gal erfuhr ich folgendes über die Ereignisse:

Der Gefängniskommandant in Rybnita war der Major Delciu; der Chef der Gefängniswachen hieß Valuta, ein bei allen Gefangenen berüchtigter Rohling. Eine bunte Mischung von etwa fünfhundert Gefangenen saß in Rybniţa ein: Partisanen mit hohen Strafen, aktive Offiziere der russischen Armee, unschuldige Rumänen und nun noch die Juden aus Wapniarka. Die schlimmste Überraschung erlebten die Ankömmlinge aus Wapniarka, als das Mittagessen ausgegeben wurde. Auch hier war die Hauptnahrung die Erbse *Lathyrus sativus*! Also bemühte man sich hier ebenfalls um die physische Vernichtung der Häftlinge.

Im März 1944 war die Front der Achsenmächte zerbrochen, Hitlers Armeen befanden sich auf dem Rückzug. Deswegen sollten sich die Gefängnisinsassen am Morgen des 17. März auf den Abmarsch vorbereiten;

doch der Aufbruch wurde Stunde um Stunde verschoben. Dann, um Mitternacht vom 17. auf den 18. März, übergab man das Gefängnis einem Sonderkommando der SS. Die Mörder gingen von Zelle zu Zelle, ließen die Gefangenen mit dem Gesicht zur Wand niederknien und mähten sie beim Schein von Valutas Laterne mit ihren Maschinenpistolen nieder. Am Morgen kamen sie zurück und suchten nach Überlebenden, die den ‚Gnadenschuß' erhielten. Danach wurde das Gebäude mit den Toten angezündet, um jede Spur des Verbrechens zu verwischen.

Von den drei Überlebenden blieb Pinkas Fischbach in der UdSSR.

Den beiden anderen gelang die Flucht nach Rumänien, wobei ihnen Soldaten und Offiziere behilflich waren.

Wäre Oberst Motora nicht unser Kommandant gewesen, hätte uns dasselbe Schicksal ereilt wie die fünfhundert. Hätte ich nicht Tîrgu Jiu als Herkunftsort bei meiner Einlieferung in Wapniarka angegeben, hätte man auch mich in Rybniţa mit allen anderen erschossen und verbrannt.

In Tîrgu Jiu lernte ich interessante Leute kennen, so etwa Gheorghe Apostol, den Koch des Lagers, der später der Chef des Arbeitersyndikats von Rumänien wurde, den berühmten Bujor, ein alter Sozialdemokrat, einen Prinzen, und auch Gheorghiu-Dej traf ich wieder sowie viele meiner Freunde aus Caransebeş. Morgens sahen wir die amerikanischen Flugzeuge ihre Angriffe auf Bukarest, Ploieşti und andere Städte fliegen. Die Zeit verging, wir hatten uns viel zu erzählen.

Mitte Juni traf eine Kommission von Medizinern ein, die alle an beiden Beinen gelähmten Invaliden untersuchte. Zwei Wochen später kam der Befehl zur Freilassung nach Bukarest, wo wir zu bleiben verpflichtet wurden. Ende Juni ging der Transport auf Militärlastwagen zum Bahnhof Tîrgu Jiu ab. Soldaten hatten uns auf die Fahrzeuge hinaufgeholfen, unsere Freunde begleiteten uns bis zum Tor. Mit einem Personenzug ging es dann nach Bukarest.

Im Bukarester Nordbahnhof überraschte uns ein amerikanischer Luftangriff. Mit hoher Geschwindigkeit fuhr der Zug rückwärts wieder aus dem Bahnhof hinaus und brachte uns so aus dem Gefahrenbereich der einschlagenden Bomben. Mit Hilfe unserer zwei Begleiter stiegen wir aus und legten uns flach auf den Boden, bis Entwarnung gegeben wurde. Als wir zurück zum Bahnhof kamen, konnten wir das ganze Ausmaß der Zerstörung erkennen: Schienen waren herausgerissen und ragten verbogen in die

Luft, Waggons waren fortgeschleudert worden, der Bahnhof lag in Trümmern, und die Straßen waren zerstört.

Nach dieser Unterbrechung empfing uns eine Delegation des jüdischen Hilfskomitees für die Geretteten Transnistriens. Die Leiterin, Frau Mela Iancu, brachte uns zur Niederlassung der Organisation in der Strada Orhei 11. Nach dem dortigen Empfang ging es in die Zwangsunterkunft in der Calea Dudesti. Ein Formular, das die Befreiung aus dem Lager Tîrgu Jiu betraf, mußte ausgefüllt werden, außerdem wurden wir verpflichtet, uns einmal in der Woche beim Polizeipräfekten von Bukarest zu melden. Dann erhielten wir eine Portion Grießbrei mit Milch serviert – auf richtigen Tellern! Im Scherz nur fragte einer von uns nach einem Nachschlag, den man prompt gewährte. Leider konnten wir gar nicht so viel essen, wie uns angeboten wurde, die Mägen waren an solche Mengen nicht mehr gewöhnt.

Natürlich gab es auch hier wieder einen Sprecher; es war Berisch Fux, ein kleiner Mann mit einer Behinderung am Fuß. Unser Leben im Wohnheim verlief recht eintönig zwischen Luftalarm und Gängen in die Stadt. Die Antifaschisten unter uns waren allerdings aktiv. Nachts schrieben sie Losungen wie „Tod dem Faschismus!", „Nieder mit den Faschisten!" oder „Es leben die Alliierten!" mit schwarzer Kreide an Häuserwände.

Ziemlich regelmäßig morgens gegen zehn Uhr wurde Voralarm gegeben, danach kam bald der Alarm, und die Bombardierungen begannen. Tagsüber griffen die Amerikaner an, nachts machten die Engländer weiter. Sie warfen zunächst Leuchtbomben an Fallschirmen ab, die die Nacht taghell erleuchteten. Die anschließend abgeworfenen Sprengbomben trafen dadurch mit großer Genauigkeit ihr Ziel. Oft verfolgten wir dieses grausige Spiel aus unserem Unterstand heraus, einem einfachen Keller.

Am 23. August 1944 befand ich mich gerade in der Calea Văcăreşti (ich kam aus einem Kino), in der ein reges Treiben herrschte: Laute Musik ertönte aus Lautsprechern, Grillstände boten ihre Ware an, es duftete nach gebratenem Fleisch. Plötzlich wurde die Musik unterbrochen, und eine tiefe Männerstimme kündigte an: „Achtung! Achtung! Seine Majestät, König Michael I., wird Ihnen in einigen Minuten eine wichtige Mitteilung machen!"

Ich achtete nicht weiter darauf, denn die Musik setzte wieder ein; auf meinen Stock gestützt, ging ich langsam weiter, um ins Wohnheim zu kommen. Obwohl mir die Beine bald schwer wurden – die Lähmung machte mir zu schaffen – war ich froh, Menschen um mich zu sehen. Ich genoß das Gefühl der Freiheit, sog es in mich ein, um es richtig auskosten zu können. Freiheit ist nach vier Jahren Haft unbeschreiblich köstlich.

Kurz darauf wiederholte die Stimme die Ankündigung, aber niemand in der Straße beachtete sie. Mich jedoch packte eine leichte Unruhe. Wer wußte schon, was der König verkünden würde? Für einen ehemaligen Lagerhäftling war es vielleicht besser, jetzt nicht auf der Straße zu sein. Im Wohnheim allerdings wäre ich einer Verhaftung noch eher ausgeliefert gewesen, als hier draußen. Was also sollte ich tun? Ich entschloß mich, trotzdem ins Heim zu fahren, um bei den anderen zu sein. Während ich auf die Straßenbahn wartete, ertönte wieder der Lautsprecher, und diesmal sprach der König wirklich.

Er verkündete den Bruch der Allianz mit Deutschland, einen Pakt mit den Alliierten und den Kriegseintritt an deren Seite gegen die Deutschen. Der rumänischen Armee befahl er, die deutschen Truppen auf rumänischem Territorium zu entwaffnen.

Zunächst stand ich wie versteinert, denn ich vermochte noch nicht zu fassen, was ich da gehört hatte. Doch als die Straßenbahn kam, stieg ich ein und fuhr zur Calea Victorii, wo der Palast liegt. Eine unübersehbare Menschenmenge jubelte dem König zu, der auf den Balkon herausgetreten war und das Volk grüßte. Doch plötzlich peitschten Maschinengewehrsalven aus einem von deutschen Soldaten besetzten Gebäude in die Menge. Eine Panik brach aus, und die Menschen stoben auseinander. Jetzt tauchten auch noch deutsche Flugzeuge auf, die rücksichtslos in die Massen schossen und Bomben abwarfen. Viele Tote und Verletzte lagen auf dem riesigen Platz; es war grauenhaft. Mir geschah glücklicherweise nichts, und ich konnte ins Wohnheim zurückgelangen. Die Freude, mich unversehrt wiederzusehen, war groß, doch übertraf der Jubel über die Unabhängigkeit Rumäniens bald alles andere. Dennoch verließen wir alle in dieser Nacht das Wohnheim, um bei Verwandten oder Freunden in Sicherheit zu nächtigen.

Für mich war der Krieg jetzt zu Ende; doch was war aus mir geworden? Ich war inzwischen zweiundzwanzig Jahre alt, also ein junger Mann, aber schwer behindert für immer. Meine Beine waren seit Wapniarka spastisch gelähmt, ich ging am Stock und ermüdete rasch bei Anstrengungen. Eine medizinische Kommission hatte mich als Kriegsinvaliden mit allen daraus resultierenden Rechten eingestuft. Aber was bringen solche Rechte, wenn ich, wie man so sagt, nur noch ein halber Mensch bin? Damals wußte ich noch nicht, wie sich die Krankheit im Laufe meines Lebens entwikkeln würde.

Immer wieder untersuchten mich rumänische und auch ausländische Ärzte; doch keiner konnte helfen. Solange ich jung war, verschlechterte sich mein Zustand kaum, mit zunehmendem Alter aber wurde es immer schlimmer. Heute bewege ich mich an zwei Krücken nur mühsam fort. Ich kämpfe weiter gegen diese teuflische Krankheit an, die dauernd neue Überraschungen mit sich bringt. Mit mir tun es viele, die auch an Lathyrismus, so nennen die Ärzte die Folgen unserer Vergiftung, leiden. Manche sind noch schlimmer dran als ich, wie etwa Izu Goldenberg.

Zum Zeitpunkt seiner Verhaftung zählte er noch keine fünfzehn Jahre, war also ein Kind, hatte, weil er durch die ständige Unterernährung nicht mehr gewachsen war, Kindergestalt behalten, seine Stimme war durch die Torturen die eines Kindes geblieben, und seine Beine waren gelähmt. Wir zwei Krüppel hinkten und humpelten zum *Herescu*-Wohnheim in Cotroceni, wo die Wapniarka-Invaliden wohnten. Und ich kam mir wie ein Riese vor gegen diesen armen Zwerg.

ANMERKUNGEN

1 *Cheder* (hebr.; jidd. *Chejder*): Wörtlich „Zimmer", im Ostjudentum eine Art „Vorschule". Obwohl die Muttersprache des Verfassers Jiddisch war, hat er die Begriffe des religiösen Lebens in der Regel in ihrer hebräischen (Aussprache-) Form wiedergegeben – vermutlich bedingt durch die langen Jahrzehnte seines Lebens in Israel. Die hebräischen Formen dürften auch den hiesigen Lesern im allgemeinen geläufiger sein.

2 *Bar-Mizwa* (hebr.; jidd. *Bar Mizwe*): Feier anläßlich der Religionsmündigkeit eines jüdischen Jungen im Alter von dreizehn Jahren.

3 *Tefillin* (hebr.; jidd. *Tfilln*): Gebetsriemen.

4 *Tallitot* (hebr.; jidd. *Tallejsim*): Gebetsmäntel oder -schals.

5 *Machsor* (hebr.; jidd. *Machser*): Gebetbuch für die Feiertage.

6 *Haschomer Hazair:* „Junger Hüter"; zionistische Organisation.

7 Octavian Goga: Rumänischer Dichter und Politiker, geb. 1.4.1881 in Rasinari, gest. 7.5.1938 in Ciucea. National-irredentistisch gesinnt. Mehrfach Ministerpräsident (Christlich Nationale Partei).

8 Corneliu Zelea Codreanu: Ursprünglich Zelinski, geb. 13.9.1899 in Iaşi, gest. 30.11.1938 bei Bukarest. Gründete 1927 die faschistische Legion „Erzengel Michael", die er 1930 zur „Eisernen Garde" erweiterte. 1938 wurde er wegen Hochverrats angeklagt und hingerichtet.

9 Armand Calinescu: Ministerpräsident Rumäniens, der viele Legionäre erschießen ließ.

10 Carol II.: Sohn von Ferdinand I., geb. 15.10.1893 in Sinaia, gest. 10.4.1953 in Lissabon. Mußte 1925 wegen außerehelicher Beziehungen auf sein Thronrecht verzichten und Rumänien verlassen. 1930 wurde er von der Regierung Maniu zurückgerufen und von der Nationalversammlung zum König proklamiert. 1938 setzte er die Verfassung von 1923 außer Kraft und errichtete die „Königsdiktatur". Nach dem Scheitern seiner Außenpolitik (Gebietsabtretungen an die UdSSR, Ungarn und Bulgarien) zwang Marschall Antonescu ihn am 6.9.1940 zum Rücktritt.

11 *Să trăiţi:* Zu Befehl! – In nichtmilitärischem Zusammenhang auch ein Alltagsgruß, der den Wunsch nach Wohlergehen zum Ausdruck bringt. Wörtlich: Ihr sollt leben / Sie sollen leben!

12 *Haiduc:* Aus dem Ungarischen kommend, ursprünglich Hajducken = Söldner; in den Balkanstaaten allgemein Freischärler, die gegen Unterdrücker (Türken)

kämpften; hier Widerstandskämpfer gegen den Faschismus.

13 Gelbe: Der Sinn dieser Bezeichnung war nicht ausfindig zu machen. Auch der Verfasser konnte an dieser Stelle nicht weiterhelfen.

14 *Chaluk* (hebr.): das Abgeteilte; geläufiger ist *Chaluka* (hebr.; jidd. *Chaluke*): Portion.

15 Georghe Gheorgiu-Dej: geb. 8.11.1901 in Barlad (Moldau), gest. 19.3.1965 in Bukarest. Arbeiter, 1933-1944 in Haft. Organisierte vom Gefängnis aus den Widerstand gegen die Herrschaft Antonescus. Als Generalsekretär der rumänischen KP (1945-1954) hatte er entscheidenden Anteil an der Umwandlung Rumäniens in einen kommunistischen Staat.

16 Horia Sima: geb. 3.7.1906 in Bukarest, Lehrer; 1927-1938 Mitglied der faschistischen Eisernen Garde, 1938-1940 Emigration. Nach Rückkehr und Verständigung mit König Carol II. Unterstaatssekretär im Unterrichtsministerium; nach Abdankung Carols II. stellvertretender Ministerpräsident der Regierung Antonescus. Nach dem mißglückten Aufstandsversuch der Legionäre der Eisernen Garde - unter maßgeblicher Beteiligung Simas - Flucht nach Deutschland; dort KZ Buchenwald. Flucht nach Italien, Auslieferung, erneut KZ bis 1944. Bildung einer Exilregierung in Wien. Sima tauchte anschließend einige Jahre in Kärnten unter. 1946 in Bukarest in Abwesenheit zum Tode verurteilt. Im Exil Führer der „Rumänischen Legionären Bewegung".

17 Anna Pauker: Rumänische Politikerin (KP), geb. 1897 (?) in Herta. Vater ukrainischer Rabbiner. Lehrerin. 1920 Mitglied der KP. 1933 führend am Eisenbahnerstreik beteiligt. 1936 zu 10 Jahren Gefängnis verurteilt, 1941 in die UdSSR entlassen. 1944 Rückkehr nach Rumänien, 1945 Mitglied der rumänischen Regierung. 1947 Außenministerin. Betrieb die Abdankung König Michaels, galt als „Stalins fähigster Statthalter". 1949 stellvertretende Ministerpräsidentin, im Mai 1952 ihrer Ämter enthoben.

18 Chivu Stoica: Rumänischer Politiker (KP), geb. 1910 in der Provinz Moldau. 1930 Mitglied der KP, 1948 Mitglied des ZK, 1952-69 des Politbüros der KP, 1948-54 Minister (u.a. für Industrie). 1954-55 erster stellvertretender Ministerpräsident, 1955-61 Ministerpräsident. 1961 Sekretär des ZK, 1965-68 Vorsitzender des Staatsrates (Staatsoberhaupt).

19 23. August 1944: Aufkündigung des deutsch-rumänischen Paktes durch König Michael. Rumänischer Nationalfeiertag bis zum Sturz Ceauşescus am 22. Dezember 1989.

20 Transnistrien: Historischer Name des ukrainischen Gebietes zwischen Dnjestr und Bug, teilweise von Rumänen bewohnt. Unterstand aufgrund deutsch-rumänischer Verhandlungen von August 1941 bis zur Rückkehr der Roten Armee 1944 der rumänischen Zivilverwaltung.

21 *Chanukka:* Achttägiges jüdisches Fest, vom 25. Kislew (Nov./Dez.) an, zur Er-

innerung an die Wiedereinweihung des Jerusalemer Tempels (165 v. Chr.); Kennzeichen des Festes ist der achtarmige *Chanukka*-Leuchter, auf dem Abend um Abend ein (weiteres) Licht angezündet wird.

22 *Siddurim, Machsorim, Tefillin* und *Tallitot* (hebr.; jidd. *Siddurim, Machsojrim, Tfilln und Tallejsim*): Gebetbücher für den täglichen Gottesdienst, Gebetbücher für Feiertage, Gebetsriemen und Gebetsschals.

23 In einem Interview Charlotte Petersens vom Wapniarka-Hilfswerk mit Dr. Keßler im Jahre 1975 in Tel Aviv gab er folgende Schilderung: „Auf meine Intervention hin antwortete er (Murgescu): ‚Woher wollen Sie wissen, ob uns am Überleben Ihrer Leute überhaupt etwas liegt?'"

24 Wlassow: Russischer Offizier, der mit den Deutschen zusammen gegen die Sowjets kämpfte und dazu eine eigene Armee aus russischen Soldaten, die Wlassow-Armee, aufgestellt hatte. Juden gehörten zu ihren Feinden, die zu vernichten waren.

ZUR DEUTSCHEN VERANTWORTUNG FÜR DIE VERFOLGUNG UND ERMORDUNG DER RUMÄNISCHEN JUDEN von H. D. Heilmann

Als Helene Jacobs, langjährige Vorsitzende der „Berliner Arbeitsgemeinschaft Christen und Juden", Ende 1989 erfuhr, daß Charlotte Petersen zur „Woche der Brüderlichkeit" 1990 die Buber-Rosenzweig-Medaille bekommen sollte, war sie sofort entschlossen, ‚etwas zu tun', denn endlich einmal werde diese Auszeichnung an jemand verliehen, der etwas getan habe und nicht nur geredet und geschrieben. (Sie selbst hatte die Medaille 1983 erhalten.) Ein „Skandal" sei es, daß die Bundesregierung die Sorge für die Überlebenden eines KZ einem privat organisierten Hilfswerk überlasse, und eine „Schande", wie man die behandelt habe, die einst als „Versuchskarnikkel" hatten herhalten müssen.

Als Mitherausgeber einer wissenschaftlichen Zeitschrift, die sich die Erforschung der deutschen Gesundheits- und Sozialpolitik in diesem Jahrhundert zur Aufgabe gemacht hat, horcht man da selbstredend auf.

Was in der Überzeugung der einstigen Judenhelferin (zweieinhalb Jahre Zuchthaus) „Skandal" und „Schande" war – wissenschaftlich keine zureichenden Begriffe –, erwies sich allerdings als noch kaum belegbar. Die Überzeugung aller Bundesregierungen bisher war, daß es sich bei Wapniarka nicht um ein deutsches, sondern um ein *rumänisches* KZ handelte, bei den Häftlingen auch nicht um Reichs- oder Volksdeutsche, und daß überdies die Verkrüppelten und Gelähmten nicht als Opfer eines Menschenversuchs betrachtet werden könnten, da die Wirkung des Gifts der Lathyruserbse der Wissenschaft bekannt gewesen sei[1]. Solches war Juristenlatein und hieß zu deutsch: Deutschland ist nicht zuständig für ‚Wiedergutmachung'[2].

Die private Initiative des Pfarrers Magnus Solheim (Haifa), von Frau Hilda Heinemann, Charlotte Petersen, Dr. Adolf Freudenberg und Helene Jacobs stieß in den Jahren seit 1959 in der Bundesrepublik keineswegs auf nur offene Ohren und Herzen: Ein Korreferat von Helene Jacobs auf dem Kirchentag 1961 zum Thema wurde fast gar nicht beachtet und ergab eine nur „kümmerliche Sammlung".

Vielleicht war es die gesellschaftliche Atmosphäre der Adenauer-Republik vor Studentenbewegung und Holocaust-Film, der noch eine gewisse Engherzigkeit in Geldfragen gegenüber bestimmten Verfolgtenkategorien eignete; jedenfalls las man höherenorts ungern die schiere Behauptung, „Wapniarka war ein deutsches Konzentrationslager in der Ukraine“ [3]; oder „von der Gestapo im Jahre 1942 aus Rumänien auf russisches Gebiet in das Konzentrationslager deportierte Juden wurden dort zu Versuchszwecken planmäßig durch Genuß von Lathyruserbse vergiftet“ [4]. Die Reserve, auf die solche ‚unbewiesenen‘ Behauptungen damals stießen, zeigt die Reaktion des Propstes zu Berlin, D. Heinrich Grüber, der „nach Rücksprache beim Bundesfinanzministerium in Bonn über die Hilfsaktion Wapniarka anders informiert worden (ist) und (sich) infolgedessen auch nicht daran beteiligen kann“ [5].

In Westberlin hatte Ende der achtziger Jahre eine außerparlamentarische Initiative Erfolg, allen bisher durch die Maschen des Bundesentschädigungsgesetzes gefallenen Opfern deutschen Großmachtstrebens über einen entsprechenden Beschluß des Abgeordnetenhauses zu einer Art ‚Ehrenrente‘ zu verhelfen. Zwar haben Berichte über das Wapniarka-Hilfswerk in den Medien immer auch zu einer Vergrößerung der Spendergemeinschaft geführt[6], doch um die rechtliche Lage in Bonn für die Überlebenden rentenmäßig positiv zu verändern, war und ist die Beweisführung darüber erforderlich, ob und wenn ja welche Verantwortung Deutschland für die Ermordung der rumänischen Juden und damit auch für die Existenz des KZ Wapniarka zukommt.

Die Erinnerung des ‚politischen Juden‘ Nathan Simon an seine Haftzeit in Wapniarka und den anderen Lagern, die das Wapniarka-Hilfswerk vermittelte, erbrachten zwar einige wichtige Angaben über die direkte Beteiligung deutscher Militär- bzw. Verwaltungsdienststellen, doch fehlen in diesem Bericht die wie in solchen ‚Fällen‘ immer allein bedeutsamen, weil ‚justiziablen‘ deutschen Namen und Uniformen.

Durch die revolutionären Ereignisse in der DDR und in Rumänien wurde der Plan einer regelrechten Wapniarka-Kampagne verschoben und geriet – als sich der Gesundheitszustand von Helene Jacobs zusehends verschlechterte – eigentlich in Vergessenheit. (Sie starb am 13. August 1993.)

Wiewohl sie manchem – nach den Nürnberger Prozessen und dem Prozeß gegen Adolf Eichmann – paradox vorkommen wird, stellen wir die

Frage nach der deutschen Verantwortung noch einmal selbst, denn außer der Wahrheitsfindung diente der Versuch einer Beantwortung den immer noch vierhundert Wapniarka-Krüppeln, zu denen sich aus Südosteuropa und Rußland möglicherweise – und hoffentlich noch ‚entschädigungsberechtigte' – Leidensgenossen gesellen werden.

Nach der ersten ‚radauantisemitischen' Phase 1933/34 war es deutsche Regierungspolitik, System in die Ausschreitungen zu bringen und die ‚faux frais' bei der ‚Lösung der Judenfrage' möglichst gering zu halten. Darum kümmerten sich bienenfleißig die ‚vernünftigen' Leute in Wissenschaft und Forschung. Gefördert und im Auftrag von staatlichen, Partei- und privaten Institutionen erforschten sie die ‚Rolle des Juden' über die Jahrhunderte in sämtlichen gesellschaftlichen Bereichen. Die erwünschten Ergebnisse ‚Minderwertigkeit', ‚Schmarotzertum', ‚Zersetzung der Wirtsvölker' usf. wurden nicht nur in den Funktionärsorganen des Rassenhasses und der Völkerzwietracht veröffentlicht, sondern in den Fachzeitschriften der Einzeldisziplinen und den wissenschaftlichen Publikationen der kommenden Theoretiker des Völker- und Judenmordes: Die Popularisierung in Presse und Rundfunk besorgte das Heer der Schriftleiter und Schriftsteller.

Adolf Eichmann antwortete posthum in seiner ‚Autobiographie' auf die hypothetische Frage, wen er als Verantwortliche für den Judenmord vor Gericht stellen würde: neben seinen Chefs nicht nur die Hohen Tiere des Dritten Reiches, sondern vor allem die, die verantwortlich waren für die ‚Beeinflussung der öffentlichen Meinung'.

Die judenfeindlichen Völker Ost- und Südosteuropas in ihren Ressentiments zu bestärken und die Regierungen im Sinne der deutschen Vorstellungen für eine „Gesamtlösung der Judenfrage im europäischen Raum" zu gewinnen, war Aufgabe der deutschen Außenpolitik. Ungeachtet der teilweise grotesken Kompetenzstreitigkeiten um die ‚Federführung' bei der ‚Lösung der Judenfrage' zwischen den einzelnen Ministerien fiel diese an das Reichsministerium des Innern und damit an das Reichssicherheitshauptamt (RSHA), im ‚europäischen Rahmen' aber ‚gleichberechtigt' auch an das Reichsaußenministerium[7]. Nach Kriegsbeginn trat zu diesen das Oberkommando der Wehrmacht komplizierend, da ‚mitzeichnend', hinzu.

Trotz der Kollaboration verbündeter oder wohlwollend neutraler Regierungen bei der ‚Endlösung der Judenfrage' in Europa ist die ursächliche Verantwortung des Deutschen Reiches ebenso unbestritten wie die Koordinierung der Mordvorgänge in Berlin durch das ‚Eichmannkommando' des RSHA. So begegnen uns auch die Vertreter aller dieser genannten deutschen Institutionen an den Stellen, die im rumänischen Raum mit dem Judenmord befaßt waren.

Den geistigen Gleichklang durch kollegiale Hilfe auf wissenschaftlichem Gebiet zu bestärken und die Koordinierung der verwandten Bestrebungen in der Praxis zu befördern ließen sich Institutionen wie der „Volksbund für das Deutschtum im Ausland (VDA)", die „Deutsche Akademie" und der „Volksdeutsche Rat" angelegentlich sein; deren ‚Volkstumspolitik' für das Grenz-, Auslands- und Streudeutschtum unterschied sich grundsätzlich nicht von jener, die dann mit der Zusammenfassung der Vereine seitens ‚der SS' (angeblich) ‚erzwungen' wurde; personelle Identitäten, Verschränkungen und Mehrfachbelastungen mit oder in der „Volksdeutschen Mittelstelle (VOMI)", beim „Reichskommissar für die Festigung deutschen Volkstums (RKFDV)", im „Rasse- und Siedlungshauptamt (RUSHA)" widerlegen solche Rechtfertigungen, wenn auch eine gewisse SS-mäßige Radikalisierung unverkennbar ist; SS-seits war diese freilich dem Krieg zuzuschreiben.

Wissenschaftliche Grundlagenliteratur für die ‚Lösung der Judenfrage' im südosteuropäischen Raum waren die Werke von P. H. Seraphim, Klaus Schickert und Hans Schuster.[8]

Wesentliche Aufgabe ihrer Forschungen war es gewesen, historisch-soziologisch und vor allem statistisch die Schädlingstätigkeit nicht des Juden als ‚Glaubens-', sondern als ‚Rassejuden' nachzuweisen mit dem praktischen Ziel, den beforschten Ländern mit der Übernahme des deutschen Judenbegriffs auch die der deutschen Judengesetzgebung ‚nahezulegen'.

Bevor auf diese praktisch-politische, diplomatische und sicherheitspolizeiliche Realisierung deutscherseits in Rumänien eingegangen wird, ist hervorzuheben, in welch unübersehbarem Ausmaß die judenhetzerische Popularisierung dieser Ergebnisse deutscher Wissenschaft (hier: allein hinsichtlich der rumänischen Juden) im Deutschen Reich wie von der deutschsprachigen Presse in Rumänien betrieben wurde.

Im Verlag des „Deutschtums im Ausland", dem Berliner Verlag „Volk und Reich" – in dessen gleichnamiger Zeitschrift nahezu alles publizierte, was auf volkstumspolitischem Gebiet Rang und Namen hatte[9] – erschien

1939 das Sammelwerk „Judenviertel Europas. Die Juden zwischen Ostsee und Schwarzem Meer“, herausgegeben vom Reichskulturwalter Hinkel, dem nachmaligen ‚Berliner Judenkönig‘[10]. Über „die Judenfrage in Rumänien“ publizierte hier Karl Hermann Theil, ein Rumäniendeutscher aus Hermannstadt, dort Herausgeber der Zeitschrift „Volk im Osten“[11]. Sein ‚Beitrag‘ unterscheidet sich tendenziell in nichts von der bisher angestrengten Literatur: Schmarotzer am rumänischen Volkskörper, Judengesetze, Lösung der Judenfrage.

Nicht nur die geistige Beeinflussung, sondern die direkte Steuerung durch ‚Berlin‘ zeigt das Beispiel des rumänischen Professors Alexander Cuza, der in Rumänien als der Begründer der eigenen modernen Antisemitenbewegung galt; er hatte langdauernde Beziehungen zu judenhasserischen deutsch-völkischen Kreisen, in deren 1935 erschienenem Sammelwerk „Die Weltfront. Stimmen zur Judenfrage“ er sich über den „jahrhundertelangen Abwehrkampf“ des rumänischen Volkes gegen das Judentum verbreitete.

Cuza wurde in der Regierung seines Parteifreundes Goga Minister; dem ‚Reich‘ war er als eine Art rumänischer Theodor Fritsch Garant der „völkischen Erneuerung“ Rumäniens und der „Vernichtung der jüdischen Machtstellung“[12].

In Gegenwart der Heroen deutscher Volkstumspolitik, der Herren Prof. Karl Haushofer, Dr. Franz Thierfelder und des (bayrischen) Ministerpräsidenten Ludwig Siebert, referierte der deutsche ‚Volksgruppenführer Rumänien‘, Andreas Schmidt, auf der Haupttagung des VDA in München über „deutsche Neuordnung in Rumänien“[13], die nichts anderes bedeutete als die Bildung eines (deutschen) Staates im Staate Rumänien[14]:

„Unsere Aufgabe ist es, den Osten nicht im alten Sinne zu germanisieren, das heißt den dort wohnenden Menschen deutsche Sprache und deutsche Gesetze beizubringen, sondern dafür zu sorgen, daß im Osten nur Menschen wirklich deutschen, germanischen Blutes wohnen“ – unter diesem Himmler-Motto[15] versammelte sich die Crème der deutschen Umvolkungs-, Be- und Entvölkerungs-Spezialisten, unter diesen auch Andreas Schmidt[16].

Welche Bedeutung konkret der deutschsprachigen Presse in Rumänien insgesamt für die judenfeindliche Politik Rumäniens an der Seite des ‚Achsenpartners‘ zukommt, kann hier nicht untersucht werden[17]. Sehr wohl erlauben aber Äußerungen der deutschen ‚Volksgruppenführung‘ im wichtigsten deutschen ‚volkstumspolitischen‘ Organ klare Rückschlüsse darauf, in welchem Ausmaß die Rumäniendeutschen einerseits verhetzt[18] wurden, andererseits die ‚Volksgruppe‘ gerade in den Gebieten mit weitgehender Selbstverwaltung oder infolge des Krieges aufgelöster rumänischer Zivilverwaltung aktiv an die Seite der Ausrottungskommandos drängte, seien es die Kommandos der rumänischen ‚Sicherheit‘, seien es – im „Rückwärtigen Heeres-“ oder „Armeegebiet“ – Wehrmacht und SD/SS, ganz zu schweigen von den in eigener Verantwortung aufgestellten bewaffneten Formationen „Einsatzstaffel“, „Deutsche Mannschaft“ und „Selbstschutz“ nach dem Vorbild der Deutschen im „Generalgouvernement“. Die wirklichen ‚Vorgänge‘ vermag man mehr als nur zu ‚erahnen‘, wenn man etwa über die stolze Beteiligung der ‚deutschen Volksgruppe‘ bei der Eroberung Odessas liest[19] oder nebenher über ihren Anteil an der ‚Judenbeute‘[20].

In einer Art endlösungsmäßigem Zwischenbericht über „das Judentum im Südosten Europas“[21] heißt es über die ‚Lösung der Judenfrage in Rumänien‘: „Die Juden suchten die rumänische Abwehrfront durch Sabotage, militärischen Verrat, Flüsterpropaganda, Nachrichtenübermittlung an den Feind, Massenschiebungen, Preistreibereien usw. auszuhöhlen. Die scharfen Maßnahmen des Marschalls Antonescu gegen das organisierte jüdische Verbechertum fanden deshalb im Lande ungeteilte Zustimmung. Die Juden wurden in Konzentrationslager eingeliefert und mit Zwangsarbeit beschäftigt ...

Die deutsche Volksgruppe hat sich insbesondere gegenüber dem jüdischen Terror als außerordentlich widerstandsfähig erwiesen und bei der Abwehr durch ihre Entschlossenheit beispielgebend gewirkt. Sie hat durch ihre Haltung wesentlich zur politischen und psychologischen Wendung in den Auffassungen des rumänischen Volkes beigetragen und sich darüber hinaus als ein ehrlicher Makler zum Großdeutschen Reich erwiesen. Mit der entschlossenen Kampfansage an das Judentum brach das nationale Rumänien das Tor auf, durch das der Weg in eine bessere Zukunft führt ...“

Der Mord an den rumänischen Juden ist in wesentlichen ‚Vorgängen‘ nachlesbar seit Wulf, Reitlinger und zuletzt Hilberg.

Daß und in welchem Maße in den Ländern Südosteuropas der ‚Fortschritt‘ in der ‚Endlösung‘ mit dem Kriegsglück des ‚Reiches‘ korrespondierte, lag gerade in Rumänien spätestens seit Stalingrad auf der Hand.

Als Ungarn Anfang 1944 den Absprung versuchte, zeigte die deutsche Reaktion nicht nur, daß neben dem ‚Endsieg' die ‚Endlösung' das wichtigste Ziel deutscher Kriegsführung und Politik war; vielmehr ließ sie blitzartig die dafür Verantwortlichen bis hinunter zum ‚kleinen Befehlsempfänger' in die Erscheinung treten, nämlich als das „Sonderkommando Eichmann" im Verband der deutschen Invasionstruppe Mitte März 1944 in Budapest einrückte und nun ‚der Meister selbst' mit seinen Männern die ‚Sache' in die Hand nahm[22].

Durch den schnellen Zusammenbruch der Heeresgruppe Süd im Sommer 1944 wurden gleichgeartete Pläne hinsichtlich des unsicheren Kantonisten Rumänien hinfällig. Wer sich in Bukarest nicht umbrachte[23], geriet in Gefangenschaft und wurde von sowjetischen Militär- oder rumänischen Volksgerichten abgeurteilt und – der Verantwortlichkeit nach – von oben herunter hingerichtet[24]. In der Bundesrepublik wurde bereits 1957 vom „Institut für Zeitgeschichte" (IfZ) ein Gutachten „das Dritte Reich und die rumänische Judenpolitik" erstellt[25], das Gerichten und Behörden direkt für Strafverfolgung der Täter und ‚Wiedergutmachung' an den Opfern zur Verfügung stand. Um vorwegzunehmen, was das bestehende Urteil über die Nachfolge-Justiz des für den Völkermord verantwortlichen Staates zu bestätigen scheint: Der Mann Eichmanns in Bukarest und ‚Berater für Judenfragen' an der deutschen Gesandtschaft, SS-Sturmbannführer Gustav Richter, wurde rechtskräftig erst 1982 vom Landgericht Frankenthal wegen der Beteiligung an der Deportation von im Ausland lebenden rumänischen Juden ins KZ Auschwitz zu einer Freiheitsstrafe von vier Jahren verurteilt[26]:

Richter und auf rumänischer Seite Radu Lecca, der „Generaldirektor für Judenfragen" im Büro des rumänischen Ministerpräsidenten, organisierten den Mord an den Juden in Rumänien.

Seit 1957 war aber nicht nur die ‚Tätigkeit' deutscher Berater in fast allen rumänischen Ministerien seit dem Frühjahr 1941 bekannt[27], sondern auch die Rolle des Sonderkommandos der VOMI in Transnistrien unter Befehl des Brigadeführers und Generalmajors der Polizei Horst Hoffmeyer, zugleich Chef der Volksdeutschen Leitstelle beim Höheren SS- und Polizeiführer (HSSPF) in Rußland-Süd[28].

Die Tätigkeit dieses „Sonderkommando ‚R'" wird – Dezember 1942! – als ‚deutsche Aufbauarbeit in Transnistrien' in der „Deutschen Arbeit" beschrieben[29] und dabei betont, daß „durch besondere Vereinbarungen ... die Arbeitsbereiche mit der rumänischen Verwaltung abgegrenzt" wurden; in Wirklichkeit standen „die rumänischen Behörden ... in Transnistrien den Wünschen des SS-Kommandos ziemlich machtlos gegenüber"[30].

Obwohl bis heute nicht mit Sicherheit zu sagen ist, „inwieweit deutsche SS- und Wehrmachtseinheiten an der Verwaltung und Bewachung der Lager und Ghettos beteiligt waren"[31], war schon 1957 „unverkennbar, daß deutsche Organe – mit oder ohne legitime Vollmacht – in der Behandlung der Juden ein gewichtiges Wort mitsprachen", umso eher, als die Rumänen dazu neigten, „den Deutschen in Judenfragen den Vortritt zu lassen und die Wünsche einzelner SS- und Wehrmachtsangehöriger als von höchster Stelle des Reiches autorisierte Weisungen hinzunehmen. Deutsche Firmen, Wehrmachtseinheiten, Bauabteilungen der Organisation Todt und andere Dienststellen des Reiches in Transnistrien benutzten die Juden in den Lagern und Ghettos als billige Arbeitskräfte ...; zumindest in einzelnen Lagern (haben) deutsche Wehrmachtsangehörige als Aufsichtspersonal mitgewirkt"[32].

Schließlich stellt das IfZ-Gutachten fest, daß das VOMI-Kommando unter Hoffmeyer „ab Ende 1941 auch in der Judenfrage die Aufgaben der seit Oktober 1941 nicht mehr in Transnistrien befindlichen Einsatzkommandos übernommen und weitergeführt" zu haben scheint[33]. Auf einem Schreiben des mit Judensachen befaßten Abteilungsleiters im Auswärtigen Amt, des Legationsrats Franz Rademacher, an das Reichsministerium für die besetzten Ostgebiete vom Mai 1942 steht der handschriftliche Vermerk: „Nach Transnistrien wurden 28 000 Juden in deutsche Dörfer gebracht. Inzwischen wurden sie liquidiert."[34]

Endgültige Klarheit über die deutsche Verantwortung für das KZ Wapniarka in Transnistrien und die dortigen ‚Vorgänge' könnte die weitere Forschung erbringen, die an der Tatsache anzusetzen hätte, daß Transnistrien bis 1944 im wesentlichen gemeinsames deutsch-rumänisches „Rückwärtiges Heeresgebiet" (der Heeresgruppe Süd) blieb.

Außer den Akten der russischen Militär- und rumänischen Volksgerichtsverfahren wären die Kriegstagebücher der deutschen Armeen im dortigen Gebiet, die Akten der Wehrmachtseinheiten und -abteilungen, die Akten der Heeres-Sanitäts-Inspektion, der Sanitätsinspektion der Waffen-SS sowie des SS-Wirtschaftsverwaltungshauptamtes daraufhin zu überprüfen, inwiefern im KZ Wapniarka Versuche auf wehr-, d.h. hier: auf ernährungsphysiologischem Gebiet durchgeführt wurden. Für die russischen Kriegsgefangenen hatte die Wehrmacht das „Russenbrot“ entwickelt, das aus Rübenschnitzel, Kastanien- und Sägemehl bestand.

Welch ein Jammer!

„Poruman Vremii“ (Bukarest), September 1936.

Schon 1936 hatten die Juden in Rumänien eine Vorahnung der kommenden Dinge. Hier geht das blaue Hakenkreuz, das Symbol der Christlichnationalen Partei Gogas und Cuzas, über Rumänien auf. Welch ein Jammer!

Beispiel einer antisemitischen Karikatur nach deutschem Vorbild in einer rumänischen Zeitung aus dem Jahr 1936, wiedergegeben im Rahmen eines Artikels „Rumänien im Abwehrkampf gegen das Judentum“ in: Der Zeitspiegel (Berlin), 7.Jg., 1938, S.30. Die ‚Erläuterungen‘ in der Bildunterschrift sind - mit falscher Wiedergabe des Namens des rumänischen Blattes - vom „Zeitspiegel“ hinzugefügt; der Name der Zeitung lautet richtig „Porunca Vremii“.

ANMERKUNGEN

1 „Das deutsche Finanzministerium hat da einmal den ‚schönen' Satz geprägt, ‚Wapniarka war kein Menschenversuch, denn die Wirkung der Lathyruserbse war der Wissenschaft bekannt'. Für einen normalen Verstand ist das nicht zu verstehen, denn wenn es so war, war es doch von Anfang an Mord ..." (Charlotte Petersen an Helene Jacobs, Schr. v. 31.12.1990).

2 Seitens der Bundesregierung wurden einmalige Abfindungen (DM 2000,- bis 5000,-) an Überlebende (nur!) in Israel geleistet; bei allen ‚Gesundheitsschäden' kommt es aber auf die regelmäßige, am Allgemein- und Gesundheitszustand orientierte ‚Nachsorge' an, da bekanntlich bei steigendem Alter die körperliche Verfassung im allgemeinen nicht ‚besser' wird.

3 Charlotte Petersen, Was bedeutet eigentlich ‚Wapniarka'?, in: Emuna (Köln), 1.Jg., Nr.3/4, Nov. 1966, S. 181; so auch ‚Wapniarka'-Aufruf von Charlotte Petersen (vom Juli 1969) im Auftrag der „AG ‚Juden und Christen' beim Deutschen Ev. Kirchentag": „Es sind die Überlebenden des *deutschen* KZ Wapniarka in der Ukraine" (Hervorh. von H. D. H.).

4 Helene Jacobs in einem Rundbrief an die Mitglieder der „AG ‚Juden und Christen' beim Deutschen Ev. Kirchentag" (Berlin, 20.1.1967); Zweck des Rundbriefes war es, laut Beschluß der Tagung in Arnoldshain (7.1.1967) zur Beteiligung an der „Hilfsaktion Wapniarka" aufzurufen, da seitherige Bemühungen, im Rahmen des Bundesentschädigungsgesetzes für die Opfer zu sorgen, in Bonn erfolglos blieben. Helene Jacobs blieb stets bei ihrer Überzeugung, daß die KZ-Häftlinge ‚vorsätzlich' mit der Gifterbse ernährt worden waren (Rundbrief v. 19.12.1990).

5 Heinrich Grüber (Berlin) an Helene Jacobs (Schr. v. 8.2.1967). Die Verknüpfung von ‚Brot für die Welt' und Wapniarka-Hilfswerk führte dazu, daß „die Herren in Stuttgart allergisch geworden" sind, „weil sie Zuschriften bekamen von Leuten, die meinten, dazu sei ‚Brot für die Welt' nicht da etc." (Charlotte Petersen an Helene Jacobs, Schr. v. 24.4.1967).

6 So in Sendungen in den Dritten Programmen des Fernsehens 1989/90 sowie in der „Frankfurter Rundschau" v. 1.3.1990 (Hessen-Seite).

7 Die zwei diesbezüglich wichtigsten Dokumente sind seit den Nürnberger Prozessen bekannt und bereits seit 1955 (von Joseph Wulf) veröffentlicht („Das Dritte Reich und seine Diener"). Es handelt sich um „Die Judenfrage als Faktor der Außenpolitik im Jahre 1938" (= IMT-Dok. NG-5764), mit Datum vom

25.1.1939, verfaßt vom damaligen Leiter der mit Judenfragen befaßten Abt.D III, Legationsrat Dr. Hans Emil Schumburg, sowie um das Protokoll der „Arbeitstagung der Judenreferenten der deutschen Missionen am 3.u.4. April d.J." (= IMT-Dok. PS-3319) in Krummhübel 1944 (sog. ‚Krummhübel-Konferenz'), verfaßt von dem Gesandten Rudolf Schleier, der zusammen mit dem Gesandten Prof. Dr.F.A. Six auch den Vorsitz führte. Six (vgl. auch unten, Anm. 26!) stellte fest, daß „das Judentum in Europa ... seine biologische und gleichzeitig seine politische Rolle ausgespielt" habe und „die physische Beseitigung des Ostjudentums ... dem Judentum die biologischen Reserven" entziehe. (Wer von den genannten Herren oder ihren Kollegen aus der ‚Wilhelmstrasse' im Auswärtigen Amt oder anderen Ministerien der Bundesrepublik Wiederverwendung fand, kann hier nicht ausgeführt werden.) Dr. Klaus Schickert referierte über „Wissenschaft und Judenfrage", „Herr Weilinghaus (Rumänien) berichtete", daß dort noch immer die rassischen und weltanschaulichen Gesichtspunkte bei der Lösung der Judenfrage vernachlässigt würden: „Die rumänische Regierung nehme in der Judenfrage eine vorsichtige Haltung ein. Sie hänge stark von der militärischen Lage ab. Für unsere Arbeit ergebe sich daraus die Notwendigkeit vorsichtig vorzugehen." Da die rumänische Regierung keine antisemitische Propaganda wünsche, bleibe z.Zt. als einziges antisemitisches Organ „Porunca Vremii"; das Veröffentlichte werde - deutscherseits - „als Sonderdruck in größerer Auflage verbreitet". (Vgl. hierzu die Abbildung oben, S. 117.)

8 *Peter Heinz Seraphim*, Das Judentum im osteuropäischen Raum, Essen 1938; Prof. Dr. Seraphim war erst Dozent in Königsberg, dann Prof. an der Universität Greifswald und korrespondierendes Mitglied des „Instituts zur Erforschung der Judenfrage", das 1941 als „Außenstelle" der „Hohen Schule der NSDAP" in Frankfurt/M. von Alfred Rosenberg begründet wurde; Seraphim war Schriftleiter des Organs dieses Instituts („Weltkampf. Die Judenfrage in Geschichte und Gegenwart"), einer wissenschaftlichen Vierteljahresschrift, „Sprachorgan der deutschen und europäischen Wissenschaft ..., die offenen Fragen des weltanschaulichen und historischen Problems des Juden zu bearbeiten" (Weltkampf, H.1/2, April-Sept. 1941, S.1). Seraphim war nach 1945 Studienleiter an der „Verwaltungs- und Wirtschaftsakademie des Industriebezirks Bochum" und aktiv in der „Schlesischen Landsman nschaft".

Klaus Schickert, Die Judenfrage in Ungarn, Essen 1937 (= Bd.1 der Sammlung „Die Juden im Leben der Völker. Schriften zur Judenfrage der Gegenwart", hrsg.v.Institut zum Studium der Judenfrage Berlin). Dieses Werk wurde aufgenommen in die „Jahresschau des deutschen Schrifttums 1938". Schickert war einer der Haupt-Referenten auf der Arbeitstagung des „Instituts zur Erforschung der Judenfrage" im Anschluß an die „feierliche Eröffnungskundgebung der Außenstelle Frankfurt a.M. der Hohen Schule" (26.-28. 3.1941); er sprach über „die Judenemanzipation in Südosteuropa und ihr Ende“ (abgedr.in: Weltkampf, a.a.O., S. 30-42), auch am Beispiel Rumäniens über die Judengesetzgebung, die Einführung des Rassebegriffs, die überall notwendige „Entjudung“: „Die Dinge treiben mit zunehmender Geschwindigkeit ihrer Endlösung entgegen“; „ein Gesamtplan“ sei notwendig; „die Judenfrage in Südosteuropa“ könne „nur nach einheitlichen Richtlinien und in Zusammenarbeit mit dem Deutschen Reiche endgültig gelöst werden ...“. Im Vortrag des Leiters der „Außenstelle Frankfurt a.M. der Hohen Schule“, Dr. Wilhelm Grau, auf jener ‚Arbeitstagung‘ werden Seraphims und Schickerts Arbeiten entsprechend gewürdigt (Weltkampf, ebd., S. 16-21: „Das Institut zur Erforschung der Judenfrage in Frankfurt a.M.“; wiederveröffentlicht in: ders., Die Erforschung der Judenfrage. Aufgabe und Organisation, München 1943, S.43ff).

Schickerts Tätigkeit vor und dann während des Krieges in Bukarest (1941/42) und in Sofia (1942) ist noch ungeklärt. Nachweisbar ist sein Dienst beim Deutschen Nachrichtenbüro Bukarest. Im Rahmen des Strafverfahrens gegen den Judenberater des Auswärtigen Amtes in Bukarest, Gustav Richter (vgl. unten, Anm. 26), wurde von der Staatsanwaltschaft Frankenthal auch gegen Schickert ermittelt (frdl. Mitteilung von Staatsanwalt Dreßen, Zentrale Stelle der Landesjustizverwaltungen, Ludwigsburg, v. 22.3.1994).

Hans Schuster, Die Judenfrage in Rumänien, Leipzig 1939 (= Abhandlungen des Instituts für Politik, ausländisches und öffentliches Recht und Völkerrecht an der Universität Leipzig , N.F. H.5). Schuster wurde mit dieser Arbeit an der Juristischen Fakultät der Universität Leipzig (10.5.1939) promoviert. Schickerts positive Rezension im „Weltkampf“ (1942, S.57/58) endet mit der Aktualisierung, daß zwar mit dem Sturz König Carols an die Lösung der Judenfrage „ernsthaft herangegangen“ werde, „doch erst nach dem 22. Juni 1941 [Angriff auf die Sowjetunion] hat dem rumänischen Judentum selbst die Einsicht gedämmert, daß es wirklich zu Ende geht“. Über Dr. Hans Schuster ist – bisher – so gut wie nichts bekannt; vermutlich war er nach 1945 in der „Arbeitsgemeinschaft für Osteuropa-Forschung“ in Göttingen aktiv (vgl. ders., Ostkonzeptionen der westlichen Welt, München 1953, sowie ders., Übervölkerung und Auswanderung, Bremen 1951).

9 U.a. Prof. Karl und Prof. Albrecht Haushofer, Prof. Martin Spahn, Dr. Max Hildebert Boehm, Prof. Heinrich Ritter von Srbik, Dr. K.C. von Loesch, Prof. Hermann Raschhofer – alle vertreten mit Beiträgen ‚Juden und ...‘. Mit Beginn der ‚Endauseinandersetzung‘ im Osten 1941/42 war „Volk und Reich“ zum Verlag des SS-Hauptamtes „Volksdeutsche Mittelstelle“ unter Leitung von SS-Obergruppenführer Werner Lorenz geworden. Lorenz wurde 1948 im RUSHA-Prozess (Fall 8) als Kriegsverbrecher zu 20 Jahren verurteilt, 1951 zu 15 Jahren begnadigt und 1955 entlassen.

Im genannten Sammelwerk ist von Loesch Autor von „Juden und bodenständige Völker“ (S. 17ff), Raschhofer von „Judentum und Minderheitenschutzverträge“ (S. 37ff). Seraphim ist mit „Das Judentum in Polen“ vertreten (S. 59ff). Loesch und Seraphim steuerten außerdem noch selbstgeschossene ‚Untermenschen‘-Fotos bei.

10 Hinkel war gleichzeitig Geschäftsführer der Reichskulturkammer. Seine offizielle Dienststellung war in ‚Judensachen‘ „Leiter Sonderreferat Reichskulturwalter Hinkel betr. Überwachung der geistig und kulturell tätigen Juden im deutschen Reichsgebiet“ im Reichsministerium für Volksaufklärung und Propaganda; in dieser Eigenschaft arbeitete Hinkel mit dem Judenreferat des SD-Hauptamtes (Referat II 112, der damaligen Dienststelle Eichmanns), dem späteren Amt VII des RSHA zusammen. SS-Gruppenführer Hinkel geriet 1945 in amerikanische Gefangenschaft und wurde 1947 an Polen ausgeliefert; in seinem Spruchkammerverfahren wurde er später wegen seines Gesundheitszustandes weitgehend ‚entlastet‘.

11 1.Jg., 1934/35; Theil war auch Verfasser von „Rumänien. Land im Werden. Der Aufstieg eines Volkes“ (Berlin 1938); ob die späteren Jahrgänge mit jenen gleichen Titels (Untertitel: „Beiträge zur politischen Gestaltung des Südostraumes“, Hermannstadt 1940-1944), aber anderer Herausgeberschaft identisch sind, konnte nicht überprüft werden. In Bukarest erschien nach der Neuorganisation der deutschen Volksgruppenführung unter Andreas Schmidt (1940/41) „Volk im Osten“ als „Zeitschrift des Südostens“.

12 „Rumänien im Abwehrkampf gegen das Judentum“, in: Der Zeitspiegel (Berlin), 7.Jg., 1938, S.29/30; Prof. Cuza hatte als Leiter der rumänischen Delegation an der in Anm.8 genannten „Arbeitstagung“ des „Instituts zum Studium der Judenfrage“ teilgenommen.

13 Abgedr. in: Deutsche Arbeit (Berlin), 41. Jg., H.1, Jan. 1941, S.8/9; dort auch die Vorträge der übrigen auslandsdeutschen ‚Volksgruppenführer‘ über den deutschen ‚Volkstumskampf‘ in der Slowakei, Südslawien usf. Schmidt berichtet über die Vereinbarung mit der Staatsführung Rumäniens (Marschall Antonescu); wichtiger als die landläufige Bemerkung, daß Schmidt Schwiegersohn des damaligen Chefs des SS-Hauptamtes, des später als Kriegsverbrecher verurteilten SS-Gruppenführers Gottlob Berger war, scheint mir die Tatsache zu sein, daß der Siebenbürger Sachse Schmidt in den dreißiger Jahren in Berlin beim RUSHA ‚studierte‘ und als Agent des RSHA in Rumänien fungierte; Schmidt ist in russischer Gefangenschaft nach 1944 umgekommen.

14 So die Wertung in den „Gutachten des Instituts für Zeitgeschichte“ (Martin Broszat, Das Dritte Reich und die rumänische Judenpolitik), München 1958, S.131; vgl. dazu auch die organisatorischen Angaben in dem Aufsatz von Hans Herrschaft, Die deutsche Volksgruppe in Rumänien, in: Deutsche Arbeit,

41. Jg., H. 12, Dez. 1941, S. 420ff.

15 M. E. stellt dies eine der seltenen *veröffentlichten* Äußerungen des Reichsführer SS zum Völkermord dar; abgedr. als Frontispiz und von Himmler unterzeichnet (!) in: Deutsche Arbeit, 42. Jg., H. 6/7, Juni/Juli 1942.

16 SS-Obergruppenführer Werner Lorenz, Leiter der VOMI; SS-Gruppenführer Ulrich Greifelt, Chef des Stabshauptamtes RKFDV; SS-Oberführer Prof. Dr. Konrad Meyer, Leiter der Hauptabteilung Planung und Boden beim RKFDV; SS-Obergruppenführer und General der Polizei Wilhelm Koppe, HSSPF beim Reichsstatthalter in Posen; SS-Obergruppenführer und General der Polizei Hildebrandt, HSSPF Danzig-Westpreußen sowie SS-Obersturmbannführer Dr. Fritz Arlt, Stabsführer beim Beauftragten des RKFDV.

17 Die etwa 800.000 Volksdeutschen in Rumänien verfügten 1940 über etwa 66 deutschsprachige Zeitungen, von denen rund 35 mit ‚volksdeutscher', d. h. mehr oder minder ‚reichstreuer' Tendenz ausgewiesen waren (vgl. Handbuch der deutschsprachigen Zeitungen im Ausland, hrsg. v. Dr. Walter Heide, Essen 1940); das „Bukarester Tageblatt" wird in diesem Zusammenhang gewöhnlich an erster Stelle genannt.

18 Zu diesem ‚Thema' liegt die beispielhafte Arbeit von Meir Buchsweiler vor („Volksdeutsche in der Ukraine am Vorabend und Beginn des Zweiten Weltkrieges", Stuttgart 1984 = Schriftenreihe des Instituts für Deutsche Geschichte, Universität Tel Aviv, Bd. 7). Scharfe Kritik erfährt die lernunwillige Landsmannschaft der ehemaligen Rumäniendeutschen diesbezüglich von kompetenten Autoren aus den eigenen Reihen: Hans Wolfram Hockl, Offene Karten. Dokumente zur Geschichte der Deutschen in Rumänien, Linz 1980; ders., Deutscher als die Deutschen. Dokumentarische Studie über NS-Engagement und Widerstand rumäniendeutscher Volkspolitiker, Linz 1987; Wolfgang Miege, Das Dritte Reich und die deutsche Volksgruppe in Rumänien 1933-1938. Ein Beitrag zur nationalsozialistischen Volkstumspolitik, Frankfurt 1972; Johann Böhm, Das nationalsozialistische Deutschland und die deutsche Volksgruppe in Rumänien 1936-1944, Frankfurt etc. 1985, sowie das Gespräch mit Dr. Johann Böhm in der „taz" (Berlin) v.9.11.1991.

19 Vgl. „Telegramm des Volksgruppenführers" Andreas Schmidt an den „Staatsführer Marschall J. Antonescu" (Oktober 1941), abgedr. in: Deutsche Arbeit, 41. Jg., H. 12, Dez. 1941, S. 422; vgl. auch ebd., 42. Jg.,H. 6/7, Juni/Juli 1942, S. 202.

20 Vgl. „Jüdische Häuser für gemeinnützige Zwecke in Temeschburg" (Deutsche Arbeit, 42. Jg., H. 4, April 1942, S. 118). Die ‚arisierten' Häuser wurden deutschen Volksschulen, deutschen Kindergärten, deutschen NSV-Heimen, dem deutschen Gymnasium, dem deutschen Handelslyzeum, dem deutschen Säuglingsheim, dem deutschen Internat, dem deutschen Altersheim, dem deutschen

Mädchenlyzeum, dem deutschen Mütterheim, dem deutschen Lehrlingsheim zur Verfügung gestellt. Entsprechend berichtet Hockl (Deutscher als die Deutschen, a.a.O., S. 120) über die Arisierung des Hotels & Cafe „Lloyd" 1941 in Kronstadt.

21 In: Deutsche Arbeit, 41. Jg., H. 11, Nov. 1941, S. 379-405; referiert wird außerdem über die Slowakei, Ungarn, Bulgarien, Jugoslawien. Der Verfasser, vermutlich ‚Rosenberg-Mann' Otto Franz Kern, scheint als Mitarbeiter des „Instituts zur Erforschung der Judenfrage" veröffentlicht zu haben; womöglich steht dieser Aufsatz im Zusammenhang mit der Ernennung Rosenbergs zum Reichsminister für die besetzten Ostgebiete und dem Bestreben, beim Judenmord im Osten ‚mitzuzeichnen'.

22 Vgl. dazu Andreas Biss, Wir hielten die Vernichtung an, Herbstein 1985, und die dort verzeichnete Literatur, vor allem den ‚Kastner-Bericht'.

23 Zu denen, die es vorzogen, sich für ihre ‚Taten' nicht zu verantworten, und in den Selbstmord flohen, gehörte an der ‚Spitze' deutscherseits der Gesandte Manfred von Killinger.

24 Die Akten dieser Strafverfahren sind m. W. noch nicht ‚ausgewertet'.

25 Verfaßt von Martin Broszat, a.a.O., S. 102ff; Broszat wertete die Akten der Judenvernichtungsabteilung des Auswärtigen Amtes ebenso aus wie die – sprachbarrierenmäßig – schwer zugänglichen Dokumente in dem wichtigen dreibändigen rumänischen Quellenwerk von Matatias Carp, Cartea Negra (Schwarzbuch), Suferintele Evreilor din Romania 1940-1944, Bukarest 1946-1948; Teile daraus erschienen (engl.) in dem u. a. von Ilja Ehrenburg in Moskau zusammengestellten, aber erst 1981 (New York) veröffentlichten „The Black Book", das Berichte über den Judenmord in Ost- und Südosteuropa enthält.

26 Akt.Z. LG-Frankenthal 141 JS 92131/76 (frdl. Mitteilung von Staatsanwalt Dreßen, s. oben, Anm. 8). Gustav Richter entstammt demselben ‚Stall' wie Adolf Eichmann, d.h. dem Judenreferat des SD (Amt II, später Amt VII des RSHA, vgl. oben Anm. 10), das von SS-Brigadeführer Prof. Dr. Franz Alfred Six (Universitäten Königsberg und Berlin) in den dreißiger Jahren aufgebaut wurde; ab Sept. 1942 leitete Prof. Six die Kulturpolitische Abteilung des Auswärtigen Amtes. Six wurde wegen seiner Tätigkeit als Leiter des „Vorkommando Moskau" der Einsatzgruppe B im Nürnberger Einsatz-Gruppenprozeß zu 20 Jahren Haft verurteilt, 1951 zu 10 Jahren begnadigt und Ende September 1952 entlassen.

Ein Teil der Schüler von Six befaßte sich nach Kriegsbeginn weiterhin mit Gegnerforschung, der andere - unter ihnen Richter - im RSHA-Amt IV mit der Gegnerbekämpfung, d.h. dem Menschenmord.

Richter wurde aufgrund einer Absprache zwischen dem RSHA und dem Auswärtigen Amt mit Wirkung vom 1.4.1941 an die deutsche Gesandtschaft in Rumänien versetzt und erhielt im Dezember 1943 die zusätzliche Dienststellung als Polizei-Attachè der deutschen Gesandtschaft. Im August 1944 wurde er von rumänischen Partisanen gefangengenommen und den Russen übergeben.

27 Broszat-Gutachten, a.a.O. S. 130; beim rumänischen Innenminister arbeitete als Berater für Verwaltungsfragen der ‚Altnazi' (1929), Staatskommissar (März 1933) und badische Innenminister (Mai 1933) SS-Brigadeführer Karl Pflaumer, ein Experte für ‚Polizeiwissenschaft', ehemaliger Schutzpolizeioffizier in Karlsruhe; nach Beginn des Rußlandfeldzuges war er Sachverständiger in den eroberten Gebieten Südrußlands beim Aufbau der rumänischen Zivilverwaltung und übte dort entscheidenden Einfluß in Sachen ‚Ghettoisierung' der jüdischen Bevölkerung aus (ebd., S. 149/150 und S. 152).

28 Broszat-Gutachten, S. 165 und frdl. Mitteilung von Staatsanwalt Dreßen (s. oben, Anm. 8). Hoffmeyer gilt als am 1.9.1944 in Bukarest verstorben.
Bei der deutsch-russischen Umsiedlungsaktion Sommer / Herbst 1940 befehligte Hoffmeyer als „deutscher Hauptbevollmächtigter" das Umsiedlungskommando des VOMI (vgl. „Das Schicksal der Deutschen in Rumänien", hrsg. v. Bundesministerium für Vertriebene, Flüchtlinge und Kriegsbeschädigte, Bonn 1957 = Dokumentation der Vertreibung der Deutschen aus Ost- und Mitteleuropa, Bd. III, S. 42 / 43E [sic!]).

29 Der deutsche „Selbstschutz" z.B. wird „sofort nach Eintreffen des SS-Sonderkommandos zum Schutz vor Partisanen in allen Dörfern aufgestellt ... Die Ausbilder kommen aus den Reihen der SS und den deutschen Wehrmachtsteilen, die in Transnistrien stationiert sind" (der Selbstschutz Transnistrien wurde in Nikolajew in Sonderlehrgängen des dortigen SS-Polizeiführers, SS-Brigadeführers Tittmann, ausgebildet; Broszat-Gutachten, S. 161). Die ärztliche Versorgung der volksdeutschen Gemeinden „wurde vom SS-Sonderkommando ‚R' zu einer glücklichen Lösung gebracht"; d.h. die von den Russen errichteten Krankenhäuser, „die in der Regel von fremdvölkischen, meist jüdischen Ärzten geleitet" worden seien, arbeiteten nun „unter Leitung von reichsdeutschen Ärzten und Schwestern vom DRK" (Dr. Gerhard Wolfrum, Deutsche Aufbauarbeit in Transnistrien, in: Deutsche Arbeit, 42. Jg., H. 12, Dez. 1942, S. 370ff). Wolfrum gab 1942 eines der „Bücher der Heimkehr" (Bd. 2) im Verlag „Volk und Reich" heraus („Der Zug der Volksdeutschen aus Bessarabien und dem Nordbuchenland"). Nach 1945 war Wolfrum Mitautor von „Ostwärts der Oder und Neiße. Tatsachen aus Geschichte, Wirtschaft und Recht", Hannover 1949; Co-Autoren waren Prof. P.H. Seraphim und Prof. Reinhart Maurach.

30 Broszat-Gutachten, S. 161.

31 Ebd., S. 163.

32 Ebd., S. 164.

33 Ebd., S. 165; feststeht, daß durch das Kommando Hoffmeyer „Liquidierun-

gen... im Zusammenhang mit der Evakuierung der Juden aus Odessa" ,vorgenommen' wurden.

34 IMT-NG 4817, hier zitiert nach Broszat-Gutachten, S. 165; Rademacher wurde wegen anderer ,Sachen' 1952 in Nürnberg verurteilt, floh nach Syrien und wurde nach Rückkehr 1966 in Bamberg erneut verurteilt, krankheitshalber aber entlassen.

DATEN ZUR GESCHICHTE RUMÄNIENS 1913 – 1944

1913	Annektion der südlichen Dobrudscha (Bulgarien) durch Rumänien.
1918	Annektion der Bukowina (Österreich), Bessarabiens (Rußland) und Siebenbürgens (Ungarn).
1927	Gründung der faschistischen und antisemitischen Legion „Erzengel Michael" durch C. Codreanu.
1930	Die Legion „Erzengel Michael" wird in „Eiserne Garde" umbenannt.
ab 1936	Enge Verbindung der Garde zu den deutschen Nationalsozialisten.
1937	Letzte Wahlen vor dem Krieg. Die Eiserne Garde wird drittstärkste Partei. Antisemitische Regierungskoalition aus Nationaler Bauernpartei (O. Goga) und Liga Christlicher Verteidigung (A. Cuza), initiiert vom Außenpolitischen Amt der NSDAP (A. Rosenberg).
Feb. 1938	Angesichts des wachsenden deutschen Einflusses setzt König Carol II. die parlamentarische Verfassung außer Kraft und errichtet ein diktatorisches Regime unter seiner Führung.
Nov. 1938	Carol läßt die Führer der Eisernen Garde hinrichten. Neuer Leiter der Garde wird H. Sima.
1939	Premierminister A. Calinescu von Angehörigen der Eisernen Garde ermordet. Sima erhält politisches Asyl in Deutschland.
Juni-Sept. 1940	Auf deutschen und russischen Druck muß Rumänien bis auf das südliche Siebenbürgen alle vor und nach dem Ersten Weltkrieg annektierten Gebiete wieder abtreten.
5.9.1940	Carol II. beauftragt Marschall I. Antonescu, den Verbindungsmann der Regierung zur Eisernen Garde, mit der Bildung eines pro-deutschen Kabinetts.
6.9.1940	Antonescu zwingt Carol II. zu Abdankung und Flucht, neuer König wird Carols Sohn Michael I. Errichtung des „Nationalen Legionärsstaates", die Regierung setzt sich aus Mitgliedern der Eisernen Garde und Armee-Offizieren zusammen. Premierminister wird Horia Sima. Antisemitische Agitation; „die Juden" werden für die Gebietsabtretungen verantwortlich gemacht, da sie als angebliche Kommunisten den Interessen der UdSSR dienen würden.
Okt.-Nov. 1940	Enteignung des volkswirtschaftlich relevanten jüdischen Besitzes. In der Folge chaotische Zustände in Industrie und Wirtschaft. Wegen der „übereilten" Enteignungspolitik kommt es zum Zerwürfnis zwischen Eiserner Garde und Antonescu.

21.-23.1. 1941	Versuchter Staatsstreich von Sima. Antonescu wird von Hitler gestützt. Die Führer der Garde werden von der deutschen Gesandtschaft nach Deutschland ins Exil gebracht.
23.11. 1941	Rumänien tritt dem Pakt der Achsenmächte bei und beteiligt sich am Angriff auf die UdSSR (22.6.1941). Nach der Eroberung werden die nördliche Bukowina, Bessarabien und Transnistrien Rumänien eingegliedert.
Sommer 1941	Im Regat (Rumänien in den Grenzen vor dem Ersten Weltkrieg und das südliche Siebenbürgen) Vertreibung der Juden aus Städten und Dörfern, Verschleppung in Arbeitslager. 29. Juni: Beginn des Pogroms in Iaşi, der mehrere Tage dauert.
12.6.1941	Antonescu besucht Hitler in München, Einweihung in die Pläne zur „Lösung des Problems der Juden im Osten". In den „befreiten Gebieten" Bukowina, Bessarabien und Transnistrien werden, unterstützt von SS-Tötungskommandos der Heeres-Einsatzgruppe D, von rumänischer Polizei und Armee 160.000 Juden ermordet.
15.9.1941	Verschleppung der überlebenden Juden der „befreiten Gebiete" nach Transnistrien in Ghettos und Lager, ebenso von hunderten (jüdischer und nichtjüdischer) politischer Gefangener, die kommunistischer Sympathien verdächtigt werden. Von den etwa 150.000 Deportierten sterben rund 90.000 durch Kälte, Hunger, Krankheiten und Erschießungsaktionen.
31.1.1943	Kapitulation der 6. Armee im Kessel von Stalingrad. Auftrieb für die rumänische Opposition, darunter auch die im Untergrund arbeitenden jüdischen Organisationen unter W. Filderman. Die rumänische Regierung versucht, sich aus der deutschen Umklammerung zu lösen.
1943	Das Regime Antonescus verweigert das Einverständnis mit den von den Deutschen gewünschten Deportationen der Juden aus dem Regat. Zur „Lösung der Judenfrage" in Rumänien wird die Emigration nach Palästina erlaubt (was aber von der deutschen Marine verhindert wird). Aufnahme offizieller Regierungskontakte zur Jüdischen Gemeinde, Wiederzulassung der zionistischen Organisationen.
Ende 1943	Beginn der Rückführung der nach Transnistrien deportierten Juden.
Juni 1944	Bildung des „Nationaldemokratischen Blocks" aus Regierung und Kommunistischer, Sozialdemokratischer, Bauern- und Nationalliberaler Partei. Beginn der Waffenstillstandsverhandlungen mit den Alliierten.
23.8.1944	Sturz Antonescus durch den „Nationaldemokratischen Block". Waffenstillstand mit den Alliierten, Rumänien schließt sich dem Kampf gegen Deutschland an. Aufhebung aller „rassischen" Gesetze, Abschaffung der Straflager, Wiederherstellung der politischen und bürgerlichen Rechte für die Gefangenen und Verschleppten.

Haftorte – Fahrtstationen – Kommandanten in Wapniarka

- Haftorte in der Reihenfolge der Einlieferung:
  Iaşi (Jassy) – Bacău – Galata (Galati) – Caransebeş – Văcăreşti (Stadtteil von Bukarest) – Wapniarka – Grosulova

- Fahrtstationen nach Wapniarka:
  Văcăreşti (Bukarest) – Ploieşti – Galata – Tiraspol – Wapniarka

- Rückführungsroute:
  Wapniarka – Grosulova – Tiraspol – Thighina – Bukarest – Tîrgu Jiu – Bukarest

- Kommandanten im Lager Wapniarka:
  Ilie Murgescu (Oberst) – Buradescu (Hauptmann) – Popovici (Oberstleutnant) – Buradescu (Hauptmann) – Motora (Oberst)

Rumänische Ausspracheregeln

ă – entspricht dem deutschen Endungs-e wie in „Gabe"
î – kurz betonter Laut zwischen ü und e
i – am Wortende wird nicht gesprochen, z. B. Popovici = Popowitsch
c – vor i und e wie tsch
g – vor i und e wie dsch
j – stimmhaftes sch
ş – sch
ţ – ts
z – stimmhaftes s

Zur Schreibweise von „Wapniarka"

Die Schreibung des Ortes „Wapniarka" weist in Atlanten und anderen Unterlagen eine große Variationsbreite auf (Vapnjarka, VapnJarka, Wapnjarka, Vapnyarka). Hier ist durchweg die Schreibweise gewählt, die sich vor allem durch den Namen des „Hilfswerks Wapniarka" eingeprägt hat.

NAMENINDEX

Nicht in das Verzeichnis aufgenommen sind die Namen von Autoren, die allein innerhalb von Literaturverweisen erscheinen.

Abramovici, Avram (Friseur) 19f; 26f; 29
Alexandru, Radu 89
Alexianu, Gheorge (Gouverneur) 84
Andrei, Bernard (= Bondy) 46; 55; 66; 69; 73; 89; 92; 101
Antonescu (Marschall, Staatsoberhaupt) 10; 45; 58; 99; 106f; 114; 121f; 126f
Apostol, Gheorge 102
Arlt, Fritz (SS-Obersturmbannführer) 122
Balaban (Händler) 25
Balan (Haiduc) 35
Balaurs (Gefängnisdirektor) 73
Balif, Dr. (Arzt) 85
Barasch (Mediziner) 80; 82
Berger, Gottlob (SS-Gruppenführer) 121
Birtas (Schreiner) 55; 58
Blum, Dr. 61
Bodnaras, Emil 43; 47
Boehm, Dr. Max Hildebert 120
Bondy (= Andrei, Bernard) 46; 55; 66; 69; 73; 89; 92; 101
Bujor 102
Buradescu (Hauptmann, Lagerkommandant) 73; 78f; 85-91; 128
Burghici, Simion 66; 68f
Calinescu, Armand (Politiker) 16; 106; 126
Carol II. (König) 10; 16; 106f; 126; 120
Ceaușescu, Nicolaie 47; 107
Codreanu, Corneliu Zelea (Politiker) 16; 106
Constaninescu, Miron (Lehrer) 47
Cuza, Prof Alexander (Minister) 113; 121; 126
Dascalu, Paul 64f; 89ff
Delciu (Major) 101
Donandt (Industrieller) 89
Draganeşti, Stefanescu (Adjutant) 93
Draghici, Alexandru 47
Eichmann, Adolf 110f; 115; 121
Emanuel, Vinea 65
Fainaru, Izu 45f
Fedea (= Rudenco, Teodor) 38; 43; 45ff; 52f
Ferdinand I. (König) 106
Filderman, Wilhelm (Vorsitzender des Bundes jüd. Organisationen) 127
Finchelstein, Bubi 73; 90
Fischbach, Pinkas 101f
Freudenberg, Dr. Adolf 109
Fritsch, Theodor 113
Fux, Berisch 103
Gal, Matei 101
Georgescu, Teohari 55f
Ghelberg, Malvina 20; 23; 27
Gheorgiu-Dej, Gheorge (= Ghita) 42; 46ff; 102; 107
Gikman, Saul (Trainer) 16
Goga, Octavian (Politiker) 16; 106; 113; 126

Goldenberg, Avram (= Vaida) 55; 68
Goldenberg, Izu 105
Grau, Dr. Wilhelm (Instituts-Leiter) 120
Greifelt, Ulrich (SS-Gruppenführer) 122
Grinberg, Lazar (Schlosser) 46; 66
Grüber, D. Heinrich (Probst) 110
Haushofer, Prof Albrecht 120
Haushofer, Prof Karl 114; 120
Heinemann, Hilda 9; 109
Hinkel (Reichskulturverwalter) 113; 121
Hitler, Adolf 127
Hoffmeyer, Horst (Brigadeführer, Generalmajor) 115f; 116; 124f
Iancu, Mela (Leiterin des Hilfskomitees) 103
Ijaky 86
Itzic, Kaner 74
Izvorianu (Textilfabrikant) 31
Jacobs, Helene (Vorsitzende der Berliner AG Christen und Juden) 109f; 118
Kalica 66f; 74
Kern, Otto Franz 123
Keßler, Dr. Artur (Arzt) 76f; 79; 82; 108
Killinger, Manfred von (SA-Obergruppenführer, Gesandter) 10
Koppe, Wilhelm (SS-Obergruppenführer) 122
Krisan, Dr. 31
Lazar 69; 89; 101
Lecca, Radu (Generaldirektor für Judenfragen) 115
Litman, L. 31
Loesch, Dr. K.C. von 120f
Lorenz, Werner (SS-Obergruppenführer) 120; 122
Maniu (Regierungschef) 106
Maurach, Prof Reinhart 124
Meyer, Prof Dr. Konrad (SS-Oberführer) 122
Michael I. (König) 10, 32; 57; 99; 103; 107; 126
Mierenberg (Ingenieur) 69
Mihalovici 73f
Moghiros 47
Möller (Schneider) 57
Motora (Oberst, Lagerkommandant) 11; 93-98; 100; 102; 128
Murgescu, Ilie (Oberst, Lagerkommandant) 64; 73; 77ff; 83; 85; 73; 108; 128
Nachtigal (Rechtsanwalt) 65
Neamtu, Lupu u. Samy 23
Nicolaie, Dragu 41; 48; 51ff; 56
Oizer 16
Pauker, Anna (Politikerin) 46; 107
Persic 39; 44
Petersen, Charlotte (Leiterin des Hilfswerks Wapniarka) 107; 109; 118
Pflaumer, Karl (SS-Brigadeführer, Innenminister) 124
Popovici (Anwalt) 26f
Popovici (Oberstleutnant, Lagerkommandant) 87f; 128
Presman, Lupu 31; 33f
Rabinovici 74
Rademacher, Franz (Legationsrat) 116; 125
Raschhofer, Prof Hermann 120f
Richter, Gustav (SS-Sturmführer; Judenberater) 10; 115; 120; 123
Rones, Itzhak (Kassierer) 11; 65
Rosenberg, Alfred (NS-Reichsminister) 123; 126

Rudenco, Teodor (= Fedea) 38; 43; 45ff; 52f
Schafram, Julis 94
Scherman, Joschka 65
Schickert, Dr. Klaus 112; 119f
Schleier, Rudolf (Gesandter) 119
Schmidt, Andreas (Volksgruppenführer) 113; 121f
Schumburg, Dr. Hans-Emil (Legationsrat) 119
Schuster, Dr. Hans 112; 120
Schwartz, Nathan (Friseur) 18ff; 22; 27; 29; 63; 81; 92
Seraphim, Prof. Dr. P.H. (Studienleiter) 112; 119ff; 124
Siebert, Ludwig (Ministerpräsident) 113
Silbermann 88
Sima, Horia (Politiker) 43; 107; 126f
Simon, Nathan 9; 11; 110
Simon, Salomon 45
Six, Prof Dr. Franz Alfred (SS-Brigadeführer, Gesandter) 119; 123
Solheim, Magnus (Pfarrer) 109
Solomovici, Avram 31; 73; 75f
Spahn, Prof Martin 120
Srbik, Prof Heinrich Ritter von 120
Stein, Eli 75f
Stoica, Chivu (Politiker) 47; 107
Stoleru, Meir 74
Theil, Karl Hermann 113; 121
Thierfelder, Dr. Franz 113
Tito, Josip (Staatspräsident) 50
Tittmann, SS-Polizei- u. Brigadeführer) 124
Vărzaru (Major) 48ff
Vaida (= Goldenberg, Avram) 55; 68
Vaida, Ion (Politiker) 55
Valuta 101f
Vasea 38; 43f
Vera 89f
Vilner, Benjamin (Rabbiner) 65; 74
Volodia (Musiker) 94f
Walter, I. 101
Weilinghaus 119
Wlassow 108
Wolfrum, Dr. Gerhard 124
Zaharia (Kaufmann) 57
Zinger, Tilli 80